REVISTA | Nr. 6

9Semne

Gândire Biblică Pentru Zidirea Bisericilor Sănătoase

CONVERTIREA

www.9marks.org | revistarom@9marks.org

Design copertă: Asociaţia MAGNA GRATIA
Traducere: Asociaţia MAGNA GRATIA
9Semne ISBN: 978-1-950396-53-5

CUPRINS

FRUMUSEŢEA CONVERTIRII

Jared C. Wilson

Pentru multe persoane, doctrina convertirii creştine pare să fie oricum, numai frumoasă nu. Ei spun că este coercitivă, argumentând că „nimeni nu mă poate forţa să cred ceva". Alţii spun că este ofensatoare – „Cine crezi că eşti să-mi spui că ceea ce cred şi felul în care trăiesc sunt greşite?"

Evident, în ochii unor astfel de persoane, frumuseţea este greu de găsit. Cel mai important lucru legat de doctrină nu este dacă aceasta este frumoasă sau urâtă, ci dacă este adevărată sau falsă. Atunci când priveşti lucrurile din această perspectivă, doctrina adevărată a convertirii creştine este pur şi simplu frumoasă.

Într-un anume sens, convertirea la fel de frumoasă precum sunt toate celelalte transformări. În şcoala primară, copiii studiază metamorfoza, de la vierme la fluture sau de la mormoloc la broască. La şcoala duminicală, ei învaţă că aceste transformări ilustrează schimbarea ce se petrece într-o inimă de om, de la starea de „mort în păcat" la starea de „făptură nouă". O floare îmboboceşte sau un pui de pasăre îşi deschide aripile luându-şi pentru prima dată zborul.

Fiecare dintre aceste transformări este frumoasă în felul ei, dar ele sunt frumoase şi într-un sens unic.

În multe aspecte ale creaţiei, Dumnezeu a întruchipat revelarea gloriei Sale oferind pilde legate de schimbarea care se petrece într-un om de la moarte spirituală la viaţă veşnică.

Una dintre legile lumii naturale este că, atunci când sunt lăsate de capul lor, lucrurile pur şi simplu nu progresează, ci intră în decădere. Totul moare.

Cu toate acestea, chiar şi în acest tărâm, Dumnezeu a întreţesut ici şi colo frumuseţea schimbării către *ceva mai bun*. Nu sunt oare toate acestea nişte semne care ne indică minunăţia mântuirii?

De fapt, convertirea este cu mult mai deosebită. Ea este frumoasă în simplitatea ei (gândeşte-te la Romani 10:9) şi în complexitatea ei (gândeşte-te la Efeseni 2:1-10).

Dar nu este suficient să *spui* că mântuirea este frumoasă. Hai să *vedem* în ce fel este ea frumoasă.

FRUMUSEŢEA ÎN ORCHESTRAREA EI

Convertirea este frumoasă în felul în care este orchestrată. Există un moment definitoriu al convertirii: un moment în care noi nu credem în sens mântuitor că Isus Hristos este Fiul lui Dumnezeu şi că Dumnezeu L-a înviat din morţi, iar apoi, în clipa următoare, credem toate acestea.

Acea decizie iniţială de a crede, de a ne alipi de Hristos cu mâna goală a credinţei, este momentul în care un păcătos predestinat, care mergea pe calea proprie, ajunge să fie cuprins în *ordo salutis*. Privirea lui Dumnezeu era aţintită asupra lui dinainte de veşnicie, dar acum, chemarea eficace a ajuns la momentul rânduit pentru ea. Calea pe care omul şi-a plănuit să umble a fost întreruptă de călăuzirea de către Dumnezeu a paşilor lui (Proverbe 16:9).

Convertirea este, într-un anumit sens, atât momentul culminant al planului lui Dumnezeu cât şi un punct singular de pe cale. Este un moment decisiv, dar câtă deliberare se găseşte dincolo de acel moment! Vedem o schiţă a acestei deliberări în Romani 8:30: „Şi pe aceia pe care i-a hotărât mai dinainte, i-a şi chemat; şi pe aceia pe care i-a chemat, i-a şi socotit neprihăniţi; iar pe aceia pe care i-a socotit neprihăniţi, i-a şi proslăvit". Ochii noştri pot să vadă oameni care se pocăiesc şi care îşi mărturisesc credinţa în Hristos, dar ei nu pot vedea greutatea veşnică de slavă care conduce la aceste evenimente din viaţa lor şi care curge după aceea asupra lor.

S-ar putea scrie volume de cărţi despre fiecare etapă din schiţa care se găseşte în Romani 8:30. Există frumuseţe în interiorul frumuseţii în interiorul frumuseţii. O sămânţă a credinţei cât un bob de muştar, odată ce este implantată în inima zdrobită a unui păcătos disperat, reprezintă culminarea cunoaşterii mai dinainte a acestui păcătos de către Dumnezeu, dinainte de întemeierea lumii. În har, chiar dinainte, din veşnicie, Dumnezeu a iertat ofensa veşnică a păcatului cumulat într-o viaţă de om, predestinându-l în dragoste spre înfiere în calitate de fiu iubit. Apoi Dumnezeu Şi-a trimis singurul Său Fiu pentru a face o ispăşire pentru om, aşa încât acesta să fie justificat prin neprihănirea lui Hristos, prin regenerarea inimii lui de piatră, făcută prin lucrarea Duhului Sfânt. Acest lucru este pur şi simplu uimitor, nu-i aşa? Dar şi mai uimitor este faptul că această sămânţă a credinţei justificatoare creşte prin credincioşia Tatălui la o credinţă sfinţitoare, din nou, prin lucrarea Duhului Sfânt, şi asta continuu, pe toată acea cale, până la împlinirea promisiunii glorificării.

FRUMUSEŢEA ÎN PROMISI-UNEA EI

Convertirea este frumoasă în promisiunea ei. Şi ce promisiune! Nu este oare tot ceea ce noi ne-am dorit cu adevărat? Ceea ce speră orice sfânt şi păcătos în fiecare zi? Toţi vor schimbarea. Toţi vor să creadă că răul se va transforma în bine şi că lucrurile greşite vor fi corectate. Fiecare dintre noi avem idei legate de cum ar trebui să fie realizate aceste lucruri, dar, în esenţă, toţi vrem acelaşi lucru – viaţa.

Dumnezeu a pus veşnicia în inimile noastre (Eclesiastul 3:12), şi fiecare moment de conştienţă de după aceea este o exprimare a închinării la un dumnezeu sau altul, este expresia disperării noastre înnăscute după promisiunea aceea reală, adevărată şi plăcută de mai bine şi mai drept. Bruce Marshall scria: „Fără să ştie, tânărul care suna la casa de prostituate Îl căuta pe Dumnezeu"[1]. Acest lucru este adevărat în cazul tuturor idolatriilor noastre – indiferent dacă este vorba despre sex sau spiritualitate – dar adevărul suprem este că niciun om nu-L caută din proprie iniţiativă pe Dumnezeu. Noi am vrea ca dumnezeii noştri să fie Dumnezeu. Ceea ce noi căutăm este, în fapt, de descoperit în Acela pe care, în realitate, vrem cu atâta răutate să-L evităm.

Aşadar, cei care Îl găsesc pe Dumnezeu sunt de fapt aceia care sunt găsiţi de Dumnezeu. Duhul Sfânt, Mângâietorul nostru, călătoreşte pe întreg pământul, căutându-i pe cei pe care trebuie să îi învieze. Dumnezeu este răbdător cu aceşti idolatri cunoscuţi mai dinainte, nedorind ca vreunul dintre noi să piară, ci ca toţi să venim la pocăinţă. Duhul Lui aprinde lumina în inimile noastre, strigând către noi – „Ieşi afară!" – de lângă mormântul nostru, şi ce era de necrezut devine credibil. Pot să fiu diferit! Pot experimenta schimbarea! Pot să Îl cunosc pe Dumnezeu şi astfel să cunosc viaţa! Aşa cum spunea acel vechi imn, „Aceasta este puterea lui Hristos în mine – nicio vinovăţie în această viaţă, nicio frică de moarte!"

Evanghelia descoperă nădejdea adevărată pentru mine şi pentru această lume. Toată frumuseţea creaţiei, a artelor, a străduinţei omeneşti după progres şi iluminare este însumată şi adăpostită cu adevărat în Isus Hristos cel întrupat, răstignit, îngropat, înviat şi glorificat. Aşa cum învierea Lui reprezintă primul rod (1 Corinteni 15:20-23), tot aşa convertirea noastră la credinţa mântuitoare este promisiunea convertirii la nemurire – anume că „toţi vom fi schimbaţi" (1 Corinteni 15:50-53).

FRUMOASĂ ÎN FELUL DIVERS ÎN CARE SE MANIFESTĂ

Convertirea este frumoasă în mulţimea de expresii ale ei. Convertirea oamenilor la credinţa mântuitoare în Hristos este frumoasă în toate momentele decisive pe care le cuprinde. Unii oameni din generația mea și din alte generații au ajuns „să fie mântuiți" pe când au ieșit în față la o chemare, au ridicat mâna sau au repetat o rugăciune după o formulă anume. Mulți păstori din generația mea nu mai apelează la astfel de instrumente speciale pentru a-i chema pe oameni să răspundă la Evanghelie. Trebuie cu toții să ne asigurăm de faptul că Evanghelia biblică este predicată în modalități biblice. Dar ce miracol este când Dumnezeu folosește oameni imperfecți ce utilizează mijloace imperfecte pentru a oferi celorlalți puterea perfectă a veștii bune a lui Isus Hristos!

Eu nu sunt adeptul răpirii dispensaționaliste și pretribulaționiste (nu mai sunt), dar convertirea mea a avut loc după ce Duhul Sfânt, în înțelepciunea Sa, s-a folosit de un film siropos de genul „Left Behind" pentru a înmuia inima mea așa încât să Îl dorească pe Isus spre iertarea păcatelor și siguranța sufletului. Eu n-aș folosi astfel de metode astăzi, dar sunt mulțumitor că Dumnezeu folosește o varietate de mijloace prin care Își aduce copiii la viață. Puterea Lui este făcută perfectă în slăbiciunea noastră evanghelistică, chiar și în felul nostru greșit de predicare și de a-i chema pe oameni la mântuire. Este uimitor cum Dumnezeu lucrează simultan *prin și în ciuda* lucrării noastre evanghelistice.

Toate convertirile la Hristos sunt rezultatul faptului că noi ne îndreptăm în final privirile către Hristosul *nostru*, jertfa pentru mântuirea noastră. Un exemplu evident este convertirea lui Saul pe drumul Damascului. Acel moment a fost unul foarte dramatic. Pentru alții,

convertirea nu este atât de dramatică. Un copil se roagă într-o întâlnire de rugăciune a copiilor bisericii. Un bărbat face pasul înainte la sfârșitul unei slujbe de biserică. Un prieten mi-a spus că stătea în biserică în fiecare duminică, vreme de aproape trei ani, până când, în final, s-a înfiripat în el gândul acesta: „Stai un pic, am nevoie și eu să fiu mântuit. Trebuie să cred și eu Evanghelia".

Modalitățile multiple prin care Dumnezeu aduce la viață oameni morți spiritual sunt frumoase, unii recunoscând instantaneu realitățile noi și izbitoare, alții conștientizând nevoia lor de mântuire de-a lungul timpului. Unii aud mesajul Evangheliei pentru prima dată, și răspund cu credință. Alții aud mesajul toată viața lor, dar nu au urechi spirituale pentru a auzi, până când, într-o zi, totul se schimbă înaintea lor. Aceasta este o artă. Maestrul este Dumnezeu, care, în diversitatea imensă a experienței omenești și a vieții de zi cu zi, în feluri obișnuite sau feluri spectaculoase, revarsă învierea din nou și din nou. Chiar și în convertirile cele mai obișnuite, este ceva extraordinar. Îngerii n-au celebrat mai puțin pentru prima expresie a credinței mântuitoare a fiicei mele, când se afla în patul ei, în camera sa, cu doar câțiva ani în urmă, comparativ cu felul în care ei s-au bucurat la convertirea lui Pavel, în urmă cu 2000 de ani. Fiecare convertire este o minune. Iar panorama beatifică și măreață a lui Hristos creează în noi alte panorame frumoase (2 Corinteni 3:18).

FRUMOASĂ ÎN SURSA EI

Convertirea este frumoasă datorită sursei ei. Întrucât Creatorul este glorios, tot ceea ce El face este glorios. Datorită acestui adevăr vital, este la fel de adevărat că frumusețea se găsește și în ochii celui care o privește. Frumusețea sălășluiește în mod obiectiv în Dumnezeul Triunic, indiferent dacă aceasta este admirată sau nu de către muritori. David cerea să locuiască în casa Domnului pentru a admira frumusețea Lui (vezi Psalmii 27:4), dar chiar și dacă Domnul n-ar răspunde la astfel de rugăciuni, frumusețea Lui n-ar fi diminuată cu nimic.

Pe de altă parte, frumusețea lui Dumnezeu – cel mai adesea denumită gloria Lui – este reflectată, multiplicată chiar, pe măsură ce te uiți mai mult la ea. Așadar, una dintre frumusețile faptului că Dumnezeu înviază oamenii morții la o viață nouă este că acești oameni ajung să privească și să admire frumusețea Lui în predică și în cântare, iar inimile lor se umplu de recunoștință (Coloseni 3:16). După ce Petru a fost martor al suferințelor și învierii lui Hristos, a fost capabil să se refere la propria persoană ca la un „martor al patimilor lui Hristos" (1 Petru 5:1). Așadar, a răspunde chemării Evangheliei cu credință mântuitoare înseamnă într-un anume fel să capeți acea frumusețe și să o preamărești. Pavel scria în 2 Tesaloniceni 2:14: „Iată la ce v-a chemat El, prin Evanghelia noastră, ca să căpătați slava Domnului nostru Isus Hristos."

Convertirea este frumoasă pentru că Dumnezeu este frumos. El este frumos în măreția și grandoarea gloriei Sale, în suma tuturor atributelor şi calităţilor Sale. Modalitatea în care Biblia vorbeşte despre frumuseţea lui Dumnezeu este că ea e... *frumoasă*. De la sfinţenia Lui, prezentată în acţiunile din Pentateuh, la cântările psalmiştilor, la răspunsul epic al lui Dumnezeu faţă de Iov, la uimirea profeţilor, la mărturia Evangheliilor, la exaltarea Epistolelor, la doxologiile divine, şi până la Apocalipsa tulburătoare a lui Ioan, Biblia este frumoasă pentru că este plină de frumuseţea intrinsecă şi copleşitoare a lui Dumnezeu.

Acest Dumnezeu – acest Dumnezeu minunat, de nepătruns şi sfânt – ne cunoaşte şi ne iubeşte, ne alege, ne cheamă şi ne mântuieşte. „Căci Dumnezeu, care a zis: „Să lumineze lumina din întuneric", ne-a luminat inimile, pentru ca să facem să strălucească lumina cunoştinţei slavei lui Dumnezeu pe faţa lui Isus Hristos". (2 Corinteni 4:6). Întreaga frumuseţe a convertirii (şi vom avea multe de explorat pentru toată veşnicia) îşi găseşte izvorul în frumuseţea copleşitoare a lui Dumnezeu însuşi, a cărui slavă se extinde fără limite pe toate timpurile, şi care se îndreaptă către noi, aşa încât să putem vedea şi să Îl cunoaştem pe Isus, şi astfel să fim schimbaţi pe vecie.

DESPRE AUTOR:

Jared C. Wilson este autor de carte, director de strategie curiculară la Midwestern Seminary şi redactor şef la pagina acestuia de internet *For the Church*. Îl puteţi găsi pe twitter la @jaredcwilson.

NOTE BIBLIOGRAFICE:

[1] Bruce Marshall, *The World, The Flesh and Father Smith* (Boston: Houghton Mifflin, 1945), 108.

COMPONENTA COLECTIVĂ A CONVERTIRII

Jonathan D. Leeman

Dacă doctrina ta privitoare la convertire nu conține elementul colectiv, atunci îi lipsește o piesă esențială din întreg. Un Cap al legământului vine împreună cu un popor al legământului.

ÎN PRIMUL RÂND VERTICALĂ, ÎN AL DOILEA RÂND INSEPARABIL ORIZONTALĂ

Prin asta nu vrem să spunem că ar trebui să punem componenta colectivă pe primul loc. Cineva s-ar putea gândi la expresia bine-cunoscută a lui N.T. Wright despre justificare ca „neavând atât de mult de-a face cu soteriologia pe cât are de-a face cu eclesiologia, nu atât de mult vizând mântuirea pe cât biserica" (*What Saint Paul Really Said*, 119). Acesta este un exemplu clar, potrivit expresiei aproape la fel de cunoscută a lui Douglas Moo, despre cum să trimiți în decor ceea ce Noul Testament vrea să așeze în linia întâi și cum să pui în linia întâi ceea ce Noul Testament așază în decor (citat în D.A. Carson, „*Faith and Faithfulness*").

Nu poate exista vreo reconciliere adevărată între oameni atâta vreme cât păcătoșii, la nivel individual, nu se împacă mai întâi cu Dumnezeu. Componenta orizontală este urmarea necesară a celei verticale. Eclesiologia urmează în mod necesar soteriologia. Prin aceasta vreau să spun că elementul colectiv nu poate să vină mai întâi, pentru că altfel am pierde totul.

Dar el trebuie totuși să vină. Fără îndoială, elementul colectiv trebuie să rămână în structura doctrinei convertirii. Unitatea noastră colectivă în Hristos nu este doar o implicație a convertirii, ci este parte a acesteia. A fi împăcat cu poporul lui Dumnezeu este un aspect *distinct*, dar *inseparabil* de a fi împăcat cu Dumnezeu.

Uneori, acest lucru ajunge să se piardă în sublinierea pe care noi o facem elementelor *mecanice* ale convertirii, ca atunci când discuțiile noastre doctrinare legate de convertire nu trec dincolo de relația dintre suveranitatea divină și responsabilitatea omului, sau dintre necesitatea pocăinței și cea a cre

dinței. Cu toate acestea, o înțelegere completă a convertirii ar trebui să includă în același timp atât lucrurile *de care* noi ne separăm cât și lucrurile *de care* noi ne alipim. A fi convertit implică să treci de la moarte la viață, din domeniul întunericului în domeniul luminii. *Și* implică să treci de la o viață individuală la viața de apartenență la un popor, de la a fi o oaie rătăcită la a aparține unei turme, de la a fi dezmembrat, la a fi membru într-un trup.

Observați afirmațiile paralele ale lui Petru:

„Pe voi, care odinioară nu erați un popor, dar acum sunteți poporul lui Dumnezeu; pe voi, care nu căpătaserăți îndurare, dar acum ați căpătat îndurare" (1 Petru 2:10).

Primirea îndurării (împăcarea pe verticală) este simultană cu a deveni parte dintr-un popor (împăcarea pe orizontală). Dumnezeu are îndurare față de noi prin faptul că ne iartă păcatele, iar consecința necesară a acestui fapt constă din includerea noastră în poporul Său.

NATURA COLECTIVĂ A LEGĂMINTELOR

Fără îndoială, elementul colectiv al convertirii noastre poate fi observat atunci când ne uităm chiar și la structurarea Bibliei în legăminte. Este adevărat că toate legămintele Vechiului Testament își găsesc împlinirea în Sămânța (la singular) lui Avraam. Isus este noul Israel. Totuși, este la fel de adevărat că oricine este unit cu Hristos prin noul legământ devine în același timp parte a Israelului lui Dumnezeu și sămânța (la plural) lui Avraam (Galateni 3:29; 6:16).

Cu alte cuvinte, un Cap al legământului aduce cu El, prin definiție, un popor al legământului (vezi Romani 5:12). Așadar, a aparține noului legământ înseamnă să aparții și unui popor.

Deloc surprinzător, promisiunile Vechiului Testament cu privire la noul legământ sunt adresate unui popor: „niciunul nu va mai învăța pe aproapele, sau pe fratele său, zicând: ,Cunoaște pe Domnul!' Ci toți Mă vor cunoaște, de la cel mai mic până la cel mai mare, zice Domnul; căci le voi ierta nelegiuirea, și nu-Mi voi mai aduce aminte de păcatul lor" (Ieremia 31:34). Noul legământ promite iertarea (pe verticală) și o comunitate fraților (pe orizontală).

VERTICAL ȘI ORIZONTAL ÎN EFESENI 2

Întreg subiectul ne este prezentat într-un fel minunat în Efeseni 2. Versetele 1 până la 10 explică iertarea și reconcilierea noastră pe verticală cu Dumnezeu: „prin har ați fost mântuiți". Versetele 11 până la 20 ne prezintă apoi componenta orizontală: „Căci El este pacea noastră, care din doi a făcut unul, și a surpat zidul de la mijloc care-i despărțea" (Efeseni 2:14).

Observați că acțiunea versetului 14 este prezentată la timpul trecut. Hristos a făcut *deja* una din iudeu și grec. Nu există imperative în acest verset. Pavel nu le poruncește cititorilor lui să caute unitatea. Dimpotrivă, el vorbește despre o realitate prezentă.

Cei credincioși *sunt* așa datorită a ceea ce Dumnezeu *a făcut*, iar Dumnezeu a înfăptuit acel lucru exact în același loc unde El a realizat reconcilierea pe verticală – la crucea lui Hristos (observați de asemenea relația dintre indicativ și imperativ în Efeseni 4:1-6).

În virtutea noului legământ al lui Hristos, unitatea colectivă aparține componentei indicative a convertirii.

A fi convertit înseamnă să fii făcut membru în trupul lui Hristos. Noua noastră identitate conține un element eclesial. Hristos ne-a făcut persoane eclesiale.

Iată o modalitate ușoară prin care poți înțelege acest lucru. Atunci când mama și tata merg la orfelinat să adopte un fiu, ei îl aduc acasă și îl plasează la masa familiei, alături de ceilalți copii, care îi sunt acum frați și surori. A fi fiu nu este același lucru cu a fi frate. Calitatea de fiu vine mai întâi. Cu toate acestea, calitatea de frate este implicația necesară a celei de fiu.

Asta înseamnă că putem spune că, iată, convertirea te obligă să faci parte dintr-o fotografie de familie.

APLICAȚIA PERSONALĂ: ALĂTURĂ-TE UNEI BISERICI!

Care este aplicația pe care să o facem în viețile noastre? Simplu: alătură-te unei biserici!

Ai fost făcut neprihănit, așa că fii neprihănit. Ai fost făcut membru al trupului Său, așa că alătură-te unui trup real. Ai fost făcut una, așa că fii una cu un grup real de creștini.

APLICAȚIA COLECTIVĂ: ÎNȚELEGE CORECT ASPECTELE MECANICE ALE CONVERTIRII!

Ce semnificație are acest lucru pentru bisericile noastre? Înseamnă că, în doctrina noastră, înțelegerea corectă a aspectelor mecanice ale mântuirii, menționate mai sus, este extrem de importantă. Avem nevoie de convingeri puternice cu privire la suveranitatea lui Dumnezeu și responsabilitatea omului, cu privire la pocăința și credința. Dezechilibrele în aceste învățături vor conduce la o biserică dezechilibrată și greșită. Ceea ce vei pune în oala convertirii va deveni supa bisericii.

Dacă doctrina pe care o ai în ce privește convertirea este lipsită de o concepție puternică privitoare la **suveranitatea lui Dumnezeu**, predicarea și evanghelizarea pe care le vei practica vor risca să devină manipulatoare și vor căuta să placă omului. Abordarea pe care o vei avea cu privire la conducerea bisericii va deveni, foarte probabil, pragmatică. Vei risca să te epuizezi pe tine şi congregaţia ta cu un program copleşitor. Practicile voastre cu privire la membralitate vor fi bazate pe drepturi sau beneficii, asemenea unui club. Practicile dării de socoteală şi a disciplinei bisericii cel mai probabil vor dispărea. Însăşi sfinţenia va fi pusă sub semnul întrebării. Şi lista continuă.

Dacă doctrinei convertirii îi va lipsi o concepţie puternică asupra *responsabilităţii omului*, cel mai probabil vei ajunge să îţi administrezi mediocru darurile, ca şi darurile celorlalţi membri ai bisericii. Cel mai probabil vei fi ispitit la lenevie în ce priveşte evanghelizarea şi chiar în pregătirea predicilor. Vei comunica tot mai puţină dragoste şi compasiune faţă de cei răniţi. Ai putea fi perceput de ceilalţi ca un om sever sau aspru. Ai putea suferi de pe urma unei vieţi slabe de rugăciune şi astfel să te lipseşti de toate binecuvântările care altfel ar putea fi ale tale. Vei pune însăşi dragostea sub semnul întrebării. Şi lista continuă.

Dacă doctrina convertirii este vitregită de o concepţie puternică asupra *pocăinţei*, vei fi grabnic în oferirea siguranţei mântuirii şi lent în a le cere oamenilor să socotească preţul uceniciei faţă de Hristos. Cel mai probabil vei tolera lumescul şi dezbinările din biserică, iar membrii bisericii tale ar putea să tolereze aceste lucruri, pentru că mulţi dintre ei vor rămâne superficiali în credinţă. Nominalismul va fi de asemenea mult mai comun, pentru că harul va fi perceput ca fiind ieftin. În general, biserica va găsi plăcere în a cânta despre Hristos ca Mântuitor, dar nu atât de mult despre Hristos ca Domn şi, de aceea, nu va arăta foarte diferită de lume.

Dacă doctrinei convertirii pe care o predici îi lipseşte o concepţie puternică privitoare la *credinţă*, vei avea o biserică plină de legalişti anxioşi, auto-neprihăniţi şi care vor dori să placă omului. Cu cât aceşti membri auto-disciplinaţi vor avea o părere mai bună despre ei, cu atât mai mult membrii mai puţin disciplinaţi se vor ascunde în tăcere în păcatele lor tainice şi vor învăţa constant cum să îi condamne pe alţii şi pe sine. Transparenţa va fi rară, iar ipocrizia foarte răspândită. Cei din exterior şi fiii rătăcitori nu vor simţi căldura şi compasiunea harului adevărat. Preferinţele culturale vor fi confundate cu Legea lui Dumnezeu. Bisericii îi va plăcea să cânte despre poruncile lui Hristos, Împăratul, dar nu la fel de mult despre Mielul cel însângerat, un Miel junghiat pentru ei.

Evident, exagerez aceste descrieri. Lucrurile nu se petrec exact în această secvenţă. Dar ideea de bază în toate aceste exemple scoate în evidenţă legătura strânsă între convertire şi biserică. Dacă convertirea implică în mod necesar un element colectiv sau, mai concret, dacă convertirile individuale produc în mod necesar un popor unit, atunci orice lucru pe care îl vei aşeza ca definitoriu în doctrina convertirii pe care o vei predica va afecta în mod dramatic felul de biserică pe care îl vei obţine.

Vrei o biserică sănătoasă? Atunci străduieşte-te să înţelegi corect doctrina convertirii, predicând congregaţiei tale toate faţetele ei biblice. Mai mult, asigură-te că structurile şi programele bisericii tale sunt în consonanţă cu această doctrină puternică şi cu multele ei faţete.

DESPRE AUTOR:

Jonathan Leeman este directorul editorial al 9Marks şi prezbiter la Capitol Hill Baptist Church în Washington D.C. Îl puteţi găsi pe Twitter la @JonathanDLeeman.

CE IMPORTANŢĂ PRACTICĂ ARE O ÎNŢELEGERE BIBLICĂ A CONVERTIRII ÎN VIAŢA UNEI BISERICI?

O biserică având o înţelegere biblică a convertirii:

- Va fi atentă în legătură cu persoanele pe care le va accepta ca membri.

- Va cere oricărei persoane care doreşte să fie membru să explice Evanghelia.

- Va cerceta dacă există domenii în care nu există pocăinţă faţă de păcat.

- Va administra cu atenţie botezul şi Cina Domnului. Membrii nu vor pune presiuni asupra păstorilor lor să-i boteze pe oameni în grabă şi fără cercetare. Cina Domnului va fi apărată într-un mod adecvat, prin aceasta însemnând că persoanele care o administrează vor explica cine poate şi cine nu poate participa la ea.

- Va fi atentă la formele de evanghelizare care ar putea încuraja falsele convertiri, fie că este vorba de manipularea emoţiilor sau prezentarea unei evanghelii diluate.

- Va refuza să trateze cu uşurătate păcatul. Membrii vor căuta să dea socoteală unul faţă de celălalt, să se încurajeze şi chiar să se mustre unul pe celălalt.

De asemenea, membrii bisericii:

- Vor practica disciplina formală a bisericii.

- Vor căuta modalităţi de a păstra o linie de demarcaţie clară între biserică şi lume, de exemplu prin a rezerva actele publice de slujire (de ex. Cina) doar pentru membri.

O biserică având o înţelegere nebiblică a convertirii ar putea:

- Să se umple de oameni care au pretins sincer că L-au urmat pe Hristos, dar care n-au experimentat schimbarea radicală pe care Biblia o prezintă drept convertire.

- Ar putea să se eticheteze drept biserică de creştini, dar aceştia să nu fie cu adevărat credincioşi. Necredincioşii vor privi la aceşti „creştini" şi vor spune, „Eşti creştin? Dar trăieşti la fel ca şi mine! De ce ar trebui să te cred atâta vreme cât viaţa ta nu este cu nimic diferită?"

UNUL DINTRE CELE MAI MURDARE CUVINTE DIN ZILELE NOASTRE: CONVERTIREA

Brad Wheeler

Recent am fost chemat la firma la care lucrez ca analist financiar pentru a face evaluarea performanţelor pe prima jumătate din an. Directorul meu regional mi s-a adresat cu toate galanteriile, vorbind despre viaţă şi familie, moment în care am menţionat în treacăt că urmează să predic în biserica locală în duminica următoare.

Ca şi cum ar fi prins din zbor ideea, directorul meu a zâmbit, s-a legănat pe spate în fotoliul lui de piele şi s-a lansat într-un monolog despre cât de buni consilieri financiari ar putea fi predicatorii, întrucât ei deţin o „abilitate deosebită de a manevra cuvintele şi oamenii". Predicatorii sunt „cei mai buni povestitori", şi aşa mai departe.

Am notat cu tristeţe părerea lui despre predicatori ca fiind „povestitori", dar am dat din cap politicos şi am apreciat în mod autentic dorinţa lui de a-mi vorbi cu politeţe. Apoi el s-a lamentat, vorbind cu tristeţe de sărmanii „predicatori" pe care îi auzise în contextul lui evreiesc. Totuşi, el a continuat spunând că credea cu tărie faptul că eu mă

achitam mai bine de slujba mea în „motivare a altora să fie mai buni", întrucât „asta e, până la urmă, tot ce trebuie să faci ca predicator".

Nedorind să pierd oportunitatea mărturisirii Evangheliei (şi poate să îl fac să renunţe la ideea că predicatorii sunt nişte simpli povestitori), am încercat, chiar dacă nu foarte strălucit, să fac o analogie între ceea ce eu îmi propun în predicare şi obiectivele pe care le am în slujba de consilier financiar. La serviciu, eu analizez situaţia financiară a unei persoane, evaluez pericolele şi eventualele capcane din situaţia sa curentă, şi apoi încerc să dirijez acel client pe un drum către siguranţă financiară. „Chiar dacă lucrarea de predicare poate fi asemănătoare", am subliniat eu atunci, „eu îi ajut pe oameni să ştie anumite lucruri despre Dumnezeu şi despre starea lor spirituală precară, fiind separaţi de El, apoi îi îndrept către Vestea Bună a Evangheliei, în Isus Hristos."

Analogia mea n-a avut efectul scontat, sau probabil că şi-a atins ţinta, căci directorul meu mi-a în-

tors imediat următoarea replică: „Nu cumva tu de fapt încerci să îi *converteşti* pe oameni?"

Aş fi putut spune, bazat pe răspunsul lui, că tocmai ce depăşisem măsura şi îi confirmasem cea mai mare temere: eram unul dintre *acei* creştini. Ştii tu, felul acela de creştini care nu respectă credinţele personale ale celorlalţi, care se amestecă fără sensibilitate în treburile altora şi care, cu aroganţă, pleacă de la prezumţia că ar trebui să gândeşti la fel ca ei, altfel e de rău.

Evident, directorul meu nu mi-a spus exact aceste lucruri, dar erau scrise toate pe faţa lui. I-am spus atunci cu un zâmbet, „Sigur că da. Te surprinde asta?"

N-a ştiut cum să-mi răspundă, aşa că, în minutele care au urmat, am încercat să-l ajut să înţeleagă faptul că Evanghelia nu ţinteşte doar să-i facă pe oameni să se comporte mai bine în exterior, ci ca ei să fie născuţi din nou în interior (Ioan 3). Un creştin este acela care se *pocăieşte* de păcatele sale şi care *crede* în Hristos (Marcu 1:14). Trist este faptul că ceea ce prietenul meu evreu considera atât de respingător nu consta din porunca lui Hristos ca el să se pocăiască şi să creadă, ci că eu predicam altor persoane acest mesaj al convertirii.

CONVERTIREA – UN CUVÂNT MURDAR?

Care este esenţa acestei întâmplări? Convertirea este un cuvânt murdar. Este scandalos pentru lumea pluralistă şi relativistă de astăzi să lupţi cu atâta îndârjire pentru un adevăr religios. Acest cuvânt este perceput ca şi cum ar duhni de mândrie, aroganţă, lipsă de respect, poate chiar ură şi violenţă.

Această percepţie este susţinută la unison de multe dintre elitele seculare. Vedeta de televiziune Bill Maher crede că creştinismul nu poate fi explicat decât ca o „boală neurologică"[1]. Doar cei mai needucaţi, neiluminaţi şi necivilizaţi neanderthalieni ar putea crede şi lupta pentru convertirea la credinţa religioasă, mai ales când vine vorba de creştinism. Pentru astfel de oameni, convertirea este în mod absolut acel lucru de care omul modern nu are nevoie.

Iar Maher pur şi simplu spune ceea ce umanismul secular, ca mişcare, a susţinut dintotdeauna. Ca să citez din propriul lor manifest, „teismul tradiţional... ideea de mântuire... bazată pe simpla afirmare a credinţei este dăunătoare, distrăgându-i pe oameni cu speranţele false ale unui rai de după această viaţă. Minţile rezonabile caută alte modalităţi de supravieţuire"[2].

Minţile rezonabile... poţi auzi înverşunarea picurând din stilou.

Şi evident că unii merg mai departe. Ei spun că astfel de încercări de distragere a oamenilor (adică de convertire a lor) de fapt alimentează violenţa. Într-o scrisoare deschisă adresată Papei Ioan Paul al II-lea, teologul hindus Swami Dayananda Saraswati a subliniat că „convertirea religioasă distruge comunităţile vechi de secole şi incită la violenţă în cadrul acestora. Ea constituie violenţă şi hrăneşte violenţa."[3]

Există un sens în care agreez cu Saraswati. Convertirea forţată, făcută cu sabia – fie că este vorba despre islamul din zilele moderne, fie „creştinismul" din secolul al IX-lea, sub coordonarea lui Charlemagne – va incita la violenţă. Dar, evident, pentru Saraswati şi pentru liderii academici liberali, nu este nimic mai violent, mai provocator şi mai dezgustător decât să spui cu glas tare că „Iadul există şi oamenii vor suferi conştient pentru o veşnicie, datorită păcatelor lor". Iată cât de confuză este lumea în care trăim.

Evident, un creştin n-ar trebui să fie prea surprins atunci când lumea batjocoreşte mesajul lui (chiar dacă n-ar trebui să stârnim o opoziţie non-necesară faţă de Evanghelie, şi după aceea să ne lăudăm cu persecuţia noastră ca şi cum ar fi un titlu de onoare pentru creştini). Noi avem promisiunea că mesajul Crucii nu poate fi decât o nebunie pentru cei care pierd. Şi totuşi, există un simţ al deranjului în anumite cercuri creştine faţă de teologia „convertirii". Ruşinaţi de moştenirea lor, aceşti autoproclamaţi creştini încearcă să croiască o cale mai respectabilă şi nouă (mai bună) pe care să mergem.

De-a lungul lunilor ce au trecut, Vaticanul şi Consiliul Mondial al Bisericilor – care include peste 350 de biserici protestante, ortodoxe şi de alte confesiuni – a început să lucreze la un „cod comun privind convertirile religioase". A fost solicitată chiar şi contribuţia liderilor musulmani.

Faptul că diferitele părţi din acest grup susţin diferite evanghelii ar trebui să ridice imediat semne de întrebare. Evident, speranţa lor este „să facă distincţia între mărturisire şi prozelitism, arătând respect faţă de libertatea de gândire, de conştiinţă şi faţă de religia altora, făcând din aceasta principala preocupare în orice discuţie dintre oamenii de diferite credinţe."[4]

Concluziile specifice şi recomandările acestei comisii probabil că vor fi formulate după câţiva ani, dar există anumite lucruri care sunt foarte clare aici. De exemplu, „respectul" este preţuit mai presus de orice, chiar mai presus de adevăr. Iar modalitatea în care trebuie arătat respect altora constă din a nu face prozeliţi (adică să nu cauţi convertirea lor) ci doar să aduci mărturie cu privire la adevărul tău, în timp ce apreciezi adevărul celorlalţi.

Pe scurt, ceea ce până acum fusese înţeles ca o nevoie radicală de regenerare şi convertire, a fost pus deoparte şi blamat. Am putea spune că acest cod comun privitor la convertirea religioasă este, în realitate, doar un cod comun pentru *ne-convertire*.

Totuşi, se pare că doctrina convertirii este atacată chiar şi printre cei ce se pretind evanghelici. Acest lucru ar trebui să ne zguduie şi să ne facă să-l considerăm drept complet ilogic. Termenul „evanghelic" provine din cuvântul grecesc tradus prin „veste bună". Care este această veste bună? Este că noi, cei care suntem în vrăjmăşie faţă de Dumnezeu prin păcatele noastre, putem acum să fim împăcaţi cu El pe baza morţii şi învierii lui Hristos, atunci când ne pocăim de păcatele noastre şi credem Hristos. Convertirea de la felul nostru anterior de viaţă şi gândire la creştinism este necesară. Acest lucru ar trebui să fie zdrobitor de evident.

Cu toate acestea, Brian McLaren, probabil cel mai important lider al mişcării bisericii emergente, a lansat un apel la reconsiderarea convertirii, pe care am putea să-l denumim chiar o respingere făţişă a acesteia. În lucrarea sa, *A Generous Orthodoxy*, el scria următoarele:

„Totuşi, trebuie să adaug faptul că eu nu cred că facerea de ucenici trebuie să fie egală cu facerea de convertiţi la religia creştină. Poate fi mai util în multe circumstanţe, chiar dacă nu în toate, să-i ajutăm pe oameni să devină ucenici ai lui Isus şi să rămână în contextele lor budiste, hinduse sau evreieşti. Ai putea spune că acest lucru este dificil, şi sunt de acord. Dar, cum am mai spus, nici în multe dintre contextele religioase „creştine" nu este deloc uşor să fii un ucenic al lui Isus."[5]

Ni se spune că trebuie să îmbrăţişăm alte credinţe „intenţionat, fără să murmurăm". Ca să fim corecţi, McLaren susţine unicitatea creştinismului faţă de alte religii[6]. Totuşi, credinţa lui într-o „evanghelie care este universal eficace pentru întreg pământul", lipsa lui de disponibilitate de a „stabili limite ale lucrării mântuitoare a lui Dumnezeu" cu referire la cei neevanghelizaţi, şi credinţa lui că trebuie să ne aşteptăm în mod continuu să „redescoperim Evanghelia" pe măsură ce ne confruntăm cu alte tradiţii religioase, lucru care „ne conduce la acel loc nou, unde niciunul dintre noi n-a mai fost vreodată", ridică semne de întrebare serioase şi importante[7]. Ca să fiu deschis, îmi este dificil să văd felul în care el ar recomanda orice lucru eminamente creştin, ca să nu mai vorbesc de lucrurile care sunt pur biblice. În final, ceea ce el propune este izbitor de asemănător cu lucrurile propuse de Vatican şi de Consiliul Mondial al bisericilor.

CONVERTIREA – O IDEE BIBLICĂ?

Având în vedere felul în care convertirea aceasta îngustă şi bigotă pare să fie portretizată de către ideologia modernă, ar mai trebui să ne luptăm pentru ea, noi, cei care suntem creştini? Cu alte cuvinte, este necesară o doctrină biblică a convertirii?

Evident că da. Deşi cuvântul acesta se găseşte rar în Noul Testament, ideea de convertire este centrală pentru naraţiunea Scripturii.

Termenii obişnuiţi din limba ebraică (*shub*) şi greacă (*epistrepho*) ce ilustrează convertirea sunt în mod obişnuit traduşi prin „întoarcere". Astfel, citim în Ezechiel 33:11: „Spune-le: ,Pe viaţa Mea, zice Domnul Dumnezeu, că nu doresc moartea păcătosului, ci să se *întoarcă* de la calea lui şi să trăiască. Întoarceţi-vă, întoarceţi-vă de la calea voastră cea rea! Pentru ce vreţi să muriţi voi, casa lui Israel?'".

În mod asemănător, citim în Isaia 55:7: „Să se *lase* cel rău de calea lui, şi omul nelegiuit să se *lase* de gândurile lui, să se *întoarcă* la Domnul care va avea milă de el, la Dumnezeul nostru, care nu oboseşte iertând".

În Noul Testament, Pavel spune că Hristos l-a trimis la Neamuri ca să le „deschidă ochii, să se *întoarcă* de la întuneric la lumină, şi de sub puterea Satanei la Dumnezeu; şi să primească, prin credinţa în Mine, iertare de păcate" (Faptele Apostolilor 26:18). De asemenea, el relatează felul cum cei din Tesalonic „de la idoli s-au *întors* la Dumnezeu, ca să slujească Dumnezeului celui viu şi adevărat" (1 Tesaloniceni 1:9).

Luca spune despre Ioan Botezătorul: „El va *întoarce* pe mulţi din fiii lui Israel la Domnul, Dumnezeul lor" (Luca 1:16).

Această imagine a convertirii ca „întoarcere" se regăseşte de asemenea în chemarea obişnuită şi repetată a lui Hristos de a-L urma, ca atunci când El spune: „Dacă voieşte cineva să *vină* după Mine, să se lepede de sine, să-şi ia crucea, şi să

Mă *urmeze*" (cf. Matei 16:24; Marcu 8:34; Luca 9:23), sau „Cine nu-şi ia crucea lui, şi nu *vine* după Mine, nu este vrednic de Mine" (Matei 10:38). A-L urma pe Hristos este un lucru costisitor. A-ţi lua crucea înseamnă să abandonezi totul. Isus îi spune omului care este înrobit faţă de bogăţiile sale: „du-te de vinde tot ce ai, dă la săraci, şi vei avea o comoară în cer. Apoi *vino*, ia-ţi crucea, şi *urmează*-Mă" (Marcu 10:21). Ucenicului care doreşte să-şi îngroape tatăl, Isus îi porunceşte: „*Vino* după Mine şi lasă morţii să-şi îngroape morţii" (Matei 8:22).

CE ESTE ŞI CE NU ESTE CONVERTIREA?

Aşadar, ce anume este convertirea? Cum am putea să o descriem pe scurt?

Pocăinţa şi credinţa

În primul rând, această imagine a convertirii ca întoarcere de la sine şi umblare smerită după Dumnezeu, poate fi descrisă în două cuvinte – *pocăinţă* şi *credinţă*. Convertirea înseamnă pocăinţă şi credinţă. Prin convertire, noi ne întoarcem minţile, emoţiile şi voinţele de la slujirea unui idol (eul) la slujirea lui Dumnezeu. Prin credinţă, noi ne punem apoi încrederea în Dumnezeu şi în Cuvântul Lui, crezând asemenea lui Avraam şi a tuturor sfinţilor lui Dumnezeu că Cel ce a promis este credincios. În acest sens, convertirea şi pocăinţa sunt legate inseparabil. Aşa cum spunea un autor,

„*Pocăinţa*, adică abandonarea păcatului şi nutrirea unei noi nădejdi, şi *credinţa*, adică în-

toarcerea către Hristos cu credinţă şi încredere, sunt legate una de alta ca şi cum ar fi cele două faţete ale aceleiaşi monede. Cele două sunt răspunsuri *interdependente*, fiecare fiind incompletă fără cealaltă. Astfel, convertirea implică atât o pocăinţă care crede, cât şi o credinţă care se pocăieşte."[8]

Radicală şi costisitoare

În al doilea rând, o chemare la convertire este deopotrivă *radicală* şi *costisitoare*. Ea este costisitoare pentru că necesită lepădarea de sine. A-L urma pe Hristos înseamnă să supunem toate plăcerile şi dorinţele pământeşti faţă de voia Lui. Noi înşine, chiar şi familiile noastre, trebuie să ocupăm locul secund în faţa acestei dedicări necondiţionate faţă de Regele nostru.

Convertirea este radicală pentru că schimbă întunericul cu lumina, idolii morţi cu Dumnezeul cel viu, bogăţia trecătoare a acestei vieţi cu bogăţiile durabile ale cerului. Natura radicală a convertirii poate fi observată în acelaşi timp în unele dintre cele mai uimitoare convertiri prezentate în cartea Faptelor Apostolilor (Pavel în capitolul 9, Corneliu în capitolul 10, temnicerul din Filipi în capitolul 16). Chiar dacă procesul este încet şi n-am putea uneori să identificăm un anume moment din timp când Domnul ne-a scos din tărâmul întunericului şi ne-a adus în Împărăţia luminii, asta nu înseamnă că schimbarea este mai puţin dramatică şi vizibilă. Acel om nu mai este un copil al diavolului, ci a fost înfiat şi este copil al lui Dumnezeu (cf. 1 Ioan 3:10).

Nu constă din simplul dialog

În al treilea rând, convertirea nu constă din *simplul dialog* sau simpla conversaţie. Este trist faptul că acest lucru este adesea greşit înţeles. Dialogul este adesea prezentat ca şi cum ar fi un scop în sine. Eu îmi mărturisesc experienţele creştine, tu îţi mărturiseşti experienţele budiste, şi evident că amândoi facem acest lucru spre binele celuilalt, întrucât „toţi suntem beneficiarii aceleiaşi îndurări, şi luăm parte la acelaşi mister."[9]

Dar nu dialogul este obiectivul nostru, ci convertirea. Evident, nicio convertire nu poate avea loc fără existenţa unui dialog în limitele respectului, şi nicio convertire nu este posibilă dacă Dumnezeu nu iniţiază schimbarea supranaturală în inimă. Evident, noi nu plecăm de la un dialog fiind fericiţi că prietenul nostru Îl respinge în continuare pe Hristos. Mai degrabă, asemenea profeţilor din Vechiul Testament, asemenea lui Hristos şi lui Pavel, noi deplângem situaţia acelora care rămân în păcatele lor şi refuză să-L urmeze pe Dumnezeu (cf. Matei 23:7).

Nu este doar o călătorie

În al patrulea rând, convertirea nu este o *călătorie*. Într-o călătorie, persoana care participă la ea poate să se rătăcească şi să nu ajungă niciodată la destinaţie. Ar putea învăţa diverse lucruri, dar să nu ajungă niciodată la vreo concluzie. Mulţi oameni din zilele noastre spun că această călătorie – simpla învăţare, ca exerciţiu intelectual – este în ea însăşi suficientă.

Dar a călători nu este suficient. Trebuie să intrăm în Împărăția lui Dumnezeu. Trebuie să ajungem la destinația finală, căci va veni un timp când Mirele își va face apariția, iar cei care nu sunt alături de El vor fi lăsați în afara nunții (Matei 25:10).

Nu este opțională

În al cincilea rând, chemarea la convertire nu este nici *opțională* și nici *negociabilă*. Autorii biblici nu doar încurajează, ci poruncesc în cei mai indiscutabili termeni ca toți oamenii să se întoarcă și să Îl urmeze pe Dumnezeu, în Hristos. Observați cât de multe porunci se găsesc în versetele de mai sus și că ele sunt însoțite de avertismente corespunzătoare. Eșecul de a ne pocăi și de a ne întoarce la Dumnezeu nu este un aspect minor. În felul acesta, refuzăm viața, preferând moartea, judecata și Iadul.

Și totuși, chemarea la convertire nu este niciodată însoțită de forță fizică, de manipulare sau coerciție. Creștinii ar trebui să convingă și să acționeze folosindu-se de cuvinte, nu de alte instrumente (2 Corinteni 4:1-2). Singura lor „sabie" este Cuvântul lui Dumnezeu și mărturia vieților lor. Nimic n-ar trebui să fie mai tăios sau mai eficient (cf. Evrei 4:12).

Așadar, cât de necesară este convertirea biblică? Atunci când Pavel și Barnaba s-au aflat la Listra și Derbe, oamenii au fost martori ai minunilor lor și i-au confundat cu zeii greci Zeus și Hermes. Răspunsul lui Pavel și al lui Barnaba ne ajută foarte mult în această chestiune:

„Apostolii Barnaba și Pavel, când au auzit lucrul acesta, și-au rupt hainele, au sărit în mijlocul norodului, și au strigat: „Oamenilor, de ce faceți lucrul acesta? Și noi suntem oameni de aceeași fire cu voi; noi vă aducem o veste bună, ca să vă întoarceți de la aceste lucruri deșerte la Dumnezeul cel viu, care a făcut cerul, pământul și marea, și tot ce este în ele" (Faptele Apostolilor 14:14-15).

Nu există niciun fel de loc pentru sincretism, nicio amestecare a Evangheliei creștine cu mitologia greacă, cu budismul, hinduismul sau cu orice altceva. Pavel și Barnaba au insistat ca toți oamenii să se întoarcă de la acești dumnezei falși și lipsiți de putere la Dumnezeul cel viu. Ei au insistat asupra necesității absolute a convertirii radicale, din toată inima.

BENEFICIILE PENTRU CREDINCIOȘI

Convertirea stă în însăși esența creștinismului. Dacă o sacrificăm, înseamnă că sacrificăm chiar Evanghelia și vestea bună pe care ea o oferă tuturor. Acesta ar trebui să fie cu siguranță un motiv suficient ca să apărăm o înțelegere clară și robustă a convertirii biblice. Cu voia lui Dumnezeu, vom privi acum mai mult la doctrina teologică și la implicațiile ei.

Dar trebuie să mai spunem ceva? Iată două motive pentru care o înțelegere corectă a convertirii este importantă nu doar pentru Dumnezeu și pentru cei neconvertiți din mijlocul nostru, ci și pentru bunăstarea noastră spirituală, a credincioșilor.

Smerenia

În primul rând, o înțelegere adecvată a convertirii stimulează smerenia și face ca harul să fie plin de semnificație. Pavel scria: „Și pe voi, care odinioară erați străini și vrăjmași prin gândurile și prin faptele voastre rele, El v-a împăcat acum prin trupul Lui de carne, prin moarte, ca să vă facă să vă înfățișați înaintea Lui sfinți, fără prihană și fără vină" (Coloseni 1:21-22).

Sau haideți să-l vedem pe Petru vorbind pe același subiect: „Hristos, de asemenea, a suferit odată pentru păcate, El, Cel neprihănit, pentru cei nelegiuiți, ca să ne aducă la Dumnezeu. El a fost omorât în trup, dar a fost înviat în duh" (1 Petru 3:18).

Ce eram noi? Înaintea convertirii, eram străini, pângăriți și vrăjmași ai lui Dumnezeu. Iar acesta nu este vreun limbaj metaforic sau hiperbolic. Noi ne îngrijorăm de atacuri teroriste, investim în sisteme de alarmă scumpe pentru casele noastre, și ne baricadăm mașinile cu sisteme de protecție – toate în încercarea de a ne simți în siguranță. Dar imaginează-ți pentru o clipă ce ar însemna ca Dumnezeul universului să fie vrăjmașul *tău*. Biblia spune că noi ne aflăm în realitate în vrăjmășie cu Dumnezeu și, mai mult decât atâta, și El cu noi! (cf. Iacov 4:4)

Cum am putea să explicăm astfel durerea, agonia și mânia de la Cruce, dacă nu prin faptul că Dumnezeu stingea acolo propria mânie îndreptată către noi, vrăjmașii sfințeniei și ai dreptății Sale?

Dacă convertirea nu este necesară, atunci nici Crucea nu este.

Trebuie să predicăm Evanghelia în mod repetat față de noi înșine, amintindu-ne cu toată smerenia ceea ce meritam și apoi bucurându-ne de harul uimitor pe care Dumnezeu l-a manifestat față de noi, împăcându-ne cu Sine prin crucea lui Hristos.

Misiunea

În al doilea rând, o înțelegere corectă a convertirii hrănește străduințele noastre misionare. Lumea se află în pericol. Se dă o bătălie spirituală pentru sufletele oamenilor. Satanei nu i-ar plăcea nimic mai mult decât să vadă biserica de astăzi atrasă în lenevie prin a sugera că, până la urmă, convertirea radicală la creștinism nu e atât de necesară. „Evident", spun vocile exclusivismului sau ale universalismului, „ar putea fi de preferat să facem apel la convertire, dar este ea oare cu adevărat necesară? Poate fi de preferat un bilet la clasa întâi față de unul la clasa a doua, dar indiferent de clasa la care călătoresc, călătorii ajunge la aceeași destinație, nu-i așa? Așa că trebuie să-i lăsăm pe oameni așa cum sunt". Prin definiție, atât exclusivismul (care spune că anumiți „creștini anonimi" ar putea fi salvați prin Hristos, chiar dacă ei nu s-au pocăit în mod conștient și nu au crezut în El), cât și universalismul (care spune că toți oamenii vor fi mântuiți), distrug

mărturia biblică și imboldul nostru pentru misiunea globală.

Am face bine să ne amintim aceste cuvinte ale lui Hristos:

„Împărăția cerurilor se mai aseamănă cu un năvod aruncat în mare, care prinde tot felul de pești. După ce s-a umplut, pescarii îl scot la mal, șed jos, aleg în vase ce este bun, și aruncă afară ce este rău. Tot așa va fi și la sfârșitul veacului. Îngerii vor ieși, vor despărți pe cei răi din mijlocul celor buni, și-i vor arunca în cuptorul aprins; acolo va fi plânsul și scrâșnirea dinților" (Matei 13:47-50).

Doar în Hristos suntem înviați și împăcați cu Dumnezeu (cf. 1 Corinteni 15:23). Astfel, este absolut necesar ca orice creștin să predice această chemare la convertire, implorându-i pe toți să se împace cu Dumnezeu prin Hristos (cf. 2 Corinteni 5:17-21).

CONCLUZIE: EȘTI UNUL DINTRE *ACEI* CREȘTINI?

„Nu cumva tu de fapt încerci să îi *convertești* pe oameni?" Acele momente petrecute în compania șefului meu n-au fost prea confortabile. Nimeni nu vrea să mărturisească Evanghelia doar pentru a primi înapoi acea privire morții și ororii care strigă – „tu chiar crezi acele lucruri... despre Dumnezeu... despre mine? Cum ai putea crede asta?!"

Evident că eu nu mă bucur atunci când astfel de situații își fac apariția, după cum nici alți oameni nu găsesc plăcere în așa ceva. Și totuși, Evanghelia prezintă două căi

dialectic opuse de a trăi. Noi suntem mântuiți sau nemântuiți, convertiți sau neconvertiți, oi sau capre, închinători la Dumnezeu sau idolatri, copii de Dumnezeu sau copii ai celui rău, pe calea cea strâmtă sau pe calea cea largă, în întuneric sau în lumină, destinați Raiului sau condamnați la Iad. Noi respingem sau ignorăm această doctrină cu prețul propriilor noastre veșnicii.

Robert Duncan Culver spunea foarte bine următoarele:

„Convertirea este la fel de importantă pentru experiența și lucrarea oricărui slujitor al Cuvântului și pentru orice mărturie creștină autentică, după cum este nașterea pentru un bebeluș sau oxigenul pentru foc. Fără ea, noi nu suntem nimic în Împărăția lui Dumnezeu și, așa cum Isus a spus, suntem destinați să fim aruncați din el pentru ca, asemenea buruienilor din câmpul cu grâu de la vremea secerișului, să fim îndepărtați și arși în focul unde va fi «plânsul și scrâșnirea dinților» (Matei 13-36-42)".[10]

Nu îți căuta scuze. Fii unul dintre *acei* creștini. Convertirea poate fi un cuvânt murdar pentru veacul acesta, dar dacă este așa, atunci este acel cuvânt murdar pe care creștinii trebuie să îl predice cu toată pasiunea și cu tot curajul.

Dincolo de asta, ce alternativă avem? Să le spunem oamenilor că această lume este suficientă? Că viețile lor egoiste, deșarte, zdrobite de dependențe și lipsite de sens sunt în regulă așa cum sunt? Că a fi innoiți după chipul lui Dumnezeu nu este un lucru atât de necesar?

Nu-mi pot imagina nimic mai descurajator și mai aducător de condamnare!

DESPRE AUTOR:

Brad Wheeler este păstor senior la University Baptist Church în Fayetteville, Arkansas.

NOTE BIBLIOGRAFICE

[1]. A se vedea http://www.worldnetdaily.com/news/article.asp?ARTICLE_ID=42906. Contextul mai larg este următorul: „Noi suntem o națiune care este lipsită de iluminare tocmai datorită religiei. Eu cred asta. Cred că religia îi împiedică pe oameni să gândească. Și cred că asta justifică nebuniile pe care le vedem în jurul nostru. Cred că aceste zboruri de avioane în clădiri au fost acțiuni motivate religios. Cred că religia este o boală neurologică." În interviul dat, Maher continuă spunând: „Eu nu urăsc America. Iubesc America. Sunt doar revoltat de faptul că ea a ajuns controlată de oameni precum evanghelicii, de oameni care nu cred în știință și rațiune. Ne aflăm în secolul XXI. Îți mai spun ceva, prietene, viitorul nu aparține evanghelicilor."

[2]. A se vedea http://www.americanhumanist.org/about/manifesto2.html

[3]. A se vedea http://www.maaber.50megs.com/eighth_issue/open_letter_e.htm

[4]. A se vedea declarația de presă la http://www2.wcc-coe.org/pressreleasesen.nsf/index/pr-06-12.html

[5]. Brian McLaren, *A Generous Orthodoxy: Why I Am a Missional, Evangelical, Post/Protestant, Liberal/Conservative, Mystical/Poetic, Biblical, Charismatic/Contemplative, Fundamentalist/Calvinist, Anabaptist/Anglican, Methodist, Catholic, Green, Incarnational, Depressed-yet-Hopeful, Emergent, Unfinished CHRISTIAN* (Grand Rapids: Zondervan, 2004, paperback), 293.

[6]. Ibid, 283 și 295.

[7]. Ibid, 124, 294, 293. În plus, atunci când a fost întrebat de exclusivitatea Evangheliei (care necesită o convertire la Hristos prin contrast cu o evanghelie „inclusivă" sau „universală", care oferă speranță tuturor, inclusiv celor neconvertiți în această viață), McLaren pur și simplu spune că astfel de întrebări sunt „arme de distragere a maselor". El respinge întrebarea și refuză să răspundă. Trist este că și lipsa unui răspuns este un răspuns. A se vedea *A Generous Orthodoxy*, 42.

[8]. Bruce Demarest, *The Cross and Salvation* (Wheaton: Crossway Books, 1997), 263-4.

[9]. Brian McLaren, *A Generous Orthodoxy*, 291.

[10]. Robert Duncan Culver, *Systematic Theology*, (Christian Focus Publications, 2005), 700.

CONVERTIREA ÎN NOUL TESTAMENT

Thomas R. Schreiner

Convertirea poate fi definită ca întoarcerea de la păcat către Dumnezeu. Poate că versetul clasic care surprinde bine această definiție este 1 Tesaloniceni 1:9: „Căci ei înșiși istorisesc ce primire ne-ați făcut, și cum de la idoli v-ați întors la Dumnezeu, ca să slujiți Dumnezeului celui viu și adevărat". Aici vedem prezentate clar cele două elemente ale convertirii, anume întoarcerea către Dumnezeu și îndepărtarea de idoli.

CONVERTIREA ÎN NOUL TESTAMENT: DE LA PROMISIUNE LA REALITATE

Narațiunea biruinței lui Dumnezeu asupra șarpelui, promisă în Vechiul Testament (Geneza 3:15), devine o realitate în Noul Testament. Vechiul Testament promisese un nou legământ, o nouă creație, un nou exod și inimi noi pentru poporul lui Dumnezeu.

Există apoi o împlinire a tuturor acestor promisiuni inaugurată prin viața, moartea și învierea lui Isus Hristos, care sunt propovăduite în Noul Testament.

Convertirea în Evangheliile sinoptice

În Evangheliile sinoptice (Matei, Marcu și Luca), lucrarea mântuitoare făcută de Dumnezeu și promisă în Vechiul Testament este prezentată prin expresia „Împărăția lui Dumnezeu". Împărăția lui Dumnezeu joacă un rol central în Evangheliile sinoptice, dar trebuie să înțelegem în același timp și faptul că Împărăția are ca implicație convertirea. Cele două elemente ale convertirii mai pot fi descrise și prin termenii pocăinței și credinței. Așa cum citim în Marcu 1:14-15, „Isus a venit în Galileea, și propovăduia Evanghelia lui Dumnezeu. El zicea: „S-a împlinit vremea, și Împărăția lui Dumnezeu este aproape. Pocăiți-vă, și credeți în Evanghelie"" (cf. Matei 4:17). Vestea bună a întoarcerii din exil propovăduită de către Isaia, vestea bună a împlinirii promisiunilor mântuitoare ale lui Dumnezeu – va fi un prilej de bucurie doar pentru cei care se pocăiesc de păcatele lor și care cred în Evanghelie.

În scrierile sinoptice, Evanghelia se concentrează pe moartea și învierea lui Isus, fiindcă patimile și învierea lui Isus domină narațiunea în toate cele trei cărți. Este punctul central al narațiunii! Nu există Împărăție fără Cruce. Isus a venit pentru a „mântui pe poporul Lui de păcatele sale" (Matei 1:21), iar această mântuire este realizată doar prin moartea Lui în locul lor, prin care El „Și-a dat viața ca răscumpărare pentru mulți" (Matei 20:28; cf. Marcu 10:45). Sunt unii care vorbesc despre împărăție dar spun foarte puține despre convertire, însă până și o scurtă privire aruncată asupra Evangheliilor sinoptice demonstrează faptul că subiectul convertirii este unul fundamental. Nimeni nu poate intra în Împărăție fără convertire (Marcu 10:17-31).

Convertirea în Evanghelia după Ioan

Centralitatea convertirii este de asemenea evidentă în Evanghelia după Ioan. Fără îndoială, Ioan a scris Evanghelia așa încât oamenii să „creadă că Isus este Hristosul, Fiul lui Dumnezeu; și crezând, să aibă viaţa în Numele Lui" (Ioan 20:31). Ioan foloseşte verbul „a crede" de 98 de ori, subliniind astfel importanţa acestei teme în Evanghelia scrisă de el. Nici credinţa nu este prezentată pasiv în Evanghelia după Ioan. El foloseşte o mulţime de termeni pentru a surprinde profunzimea şi acţiunea credinţei: credinţa este descrisă ca şi cum mănânci, bei, vezi, auzi, te supui, rămâi, vii, intri, primeşti şi asculţi. Natura radicală a convertirii este exprimată prin variatele verbe pe care Ioan le foloseşte pentru a descrie ce înseamnă să crezi că Isus este Hristosul. Aşadar, convertirea se află în însăşi centrul mesajului Evangheliei după Ioan. Viaţa veşnică (viaţa în veacul viitor) aparţine doar acelora care cred în Isus ca „Mielul lui Dumnezeu, care ridică păcatul lumii!" (Ioan 1:29). Cu alte cuvinte, doar cei convertiţi se pot bucura de viaţa veşnică.

Convertirea şi Împărăţia lui Dumnezeu în Faptele Apostolilor

Din discuţia anterioară, pare clar faptul că tema convertirii joacă un rol central în Evanghelii, dar putem trage aceeaşi concluzie şi din cartea Faptelor Apostolilor. În această carte, descoperim un număr de predici în cadrul cărora Evanghelia este explicată audienţei (de ex. Faptele Apostolilor 2:14-41; 3:11-26; 13:16-41). Cei care ascultă sunt îndemnaţi să se pocăiască (Faptele Apostolilor 2:38; 3:19; 8:22; 17:30; 26:20), lucru care este definit şi ca „întoarcere" la Dumnezeu (Faptele Apostolilor 3:19; 9:35, 40; 11:21; 14:15; 15:19; 26:18, 20; 28:27). Mesajul Evangheliei implică

o chemare urgentă la lepădarea păcatului şi a vieţii vechi. În acelaşi timp, cei care aud Vestea Bună sunt chemaţi să creadă (Faptele Apostolilor 16:31; 26:18). Fără îndoială, cuvântul „a crede" este folosit de aproape 30 de ori în Faptele Apostolilor pentru a-i descrie pe creştini, indicând ideea că ceea ce îi caracterizează pe cei ce aparţin lui Hristos este credinţa.

Nu poate fi surprinzător faptul că convertirea joacă un rol major în Faptele Apostolilor, întrucât această carte prezintă răspândirea Evangheliei din Ierusalim până la Roma (Faptele Apostolilor 1:8; cf. 1:6; 14:22). În acelaşi timp, trebuie observat că Împărăţia lui Dumnezeu este la rândul ei o temă majoră în Faptele Apostolilor. Ea încadrează cartea de la început (Faptele Apostolilor 1:3) şi până la sfârşit (Faptele Apostolilor 28:31). Pavel a predicat Împărăţia în Roma (20:35; 28:23, 31), iar Filip „propovăduia Evanghelia Împărăţiei lui Dumnezeu şi a Numelui lui Isus Hristos" (Faptele Apostolilor 8:12), demonstrând că Împărăţia este centrată pe Evanghelie. Evanghelia care a fost propovăduită i-a chemat pe ascultători, aşa cum am văzut mai sus, la pocăinţă şi credinţă. Astfel, avem încă o dovadă a faptului că doctrina convertirii este fundamentală pentru orice propovăduire a Împărăţiei. Restaurarea lumii în stăpânirea lui Dumnezeu este nădejdea glorioasă a credincioşilor, dar ea aparţine doar acelora care s-au pocăit şi au crezut, căci doar ei se vor bucura de lumea cea nouă care va veni. Cei care refuză să creadă, aşa cum subliniază

Faptele Apostolilor în mod frecvent, vor fi judecaţi.

Convertirea în scrierile lui Pavel

Pavel nu foloseşte foarte des expresia „Împărăţia lui Dumnezeu", dar perspectiva lui escatologică este bine-cunoscută, şi intră în acord cu caracterul escatologic al Împărăţiei. Asemenea Evangheliilor, el propovăduieşte o escatologie de tipul *deja/nu încă*. Mulţi teologi subliniază faptul că credinţa şi pocăinţa sunt teme cruciale în epistolele pauline. Pavel ne învaţă adesea că justificarea şi mântuirea sunt obţinute doar prin credinţă (cf. Romani 3:21-4:25; 9:30-10:17; 1 Corinteni 15:1-4; Galateni 2:16-4:7; Efeseni 2:8-9; Filipeni 3:2-11). El nu foloseşte atât de des cuvântul *pocăinţă*, dar nici nu este complet absent (de ex. în Romani 2:4; 2 Corinteni 3:16; 1 Tesaloniceni 1:9; 2 Timotei 2:25). Pavel foloseşte mulţi termeni pentru a desemna lucrarea mântuitoare a lui Dumnezeu în Hristos, inclusiv mântuire, justificare, răscumpărare, împăcare, înfiere, propiţiere, şi aşa mai departe. Este indiscutabil faptul că lucrarea mântuitoare a lui Dumnezeu în Hristos joacă un rol major în teologia paulină, dar o astfel de mântuire este dată doar celor care cred, doar celor care sunt convertiţi.

Conform lui Pavel, credincioşii aşteaptă cu nerăbdare întoarcerea lui Isus Hristos şi restaurarea creaţiei (Romani 8:18-25; 1 Tesaloniceni 4:13-5:11; 2 Tesaloniceni 1:10), şi totuşi doar cei care sunt convertiţi aparţin noii creaţii care vine. De aceea, Pavel se străduieşte în mod intens să răspândească Evanghelia către Neamuri (Coloseni 1:24-2:5), să ducă Evanghelia la cei care n-au auzit-o niciodată (Romani 15:22-29), așa încât și ei să fie printre cei mântuiți.

Convertirea în epistolele generale

Restul epistolelor Noului Testament sunt scrieri ocazionale, care au tratat situații specifice. Totuși, importanța convertirii este și aici statuată sau prezentată implicit. De exemplu, descoperim în Epistola către Evrei că doar cei care cred și ascultă de Dumnezeu vor intra în odihna de la sfârșitul veacului (Evrei 3:18-19; 4:3; 11:1-40). Iacov a fost adesea înțeles greșit, dar dacă este interpretat corect, el ne învață că o credință însoțită de pocăință este totdeauna necesară în vederea justificării (Iacov 2:14-26). Tot așa, Petru ne învață că mântuirea este prin credință (1 Petru 1:5; 2 Petru 1:1), iar 1 Ioan a fost scrisă pentru a-i asigura pe cei care cred de faptul că au viața veșnică (1 Ioan 5:13).

Convertirea în Apocalipsa

Cartea Apocalipsa culminează această narațiune, asigurându-i pe credincioși de faptul că Împărăția lui Dumnezeu, care a venit deja în Isus Hristos, va fi adusă la finalitate. Cei care practică răul și se compromit cu fiara vor fi judecați pe vecie, dar cei care perseverează până la sfârșit în credință vor intra în cetatea cerească, adică în noul Ierusalim. Apocalipsa subliniază faptul că doar cei care se pocăiesc vor găsi viața (Apocalipsa 2:5, 16, 21, 22; 3:3, 19; 9:20-21; 16:9, 11).

NU TEMA CENTRALĂ, DAR FUNDAMENTALĂ PENTRU ÎNTREAGA NARAȚIUNE

Dacă ar fi să tragem o linie, trebuie să spunem că, în mod cert, convertirea nu este tema centrală a Scripturii. Credincioșii au fost creați pentru a-L glorifica pe Dumnezeu și pentru a se bucura de El pe vecie, iar noi ne bucurăm de El și Îl glorificăm atât în această lume, cât și în lumea viitoare.

Totuși, convertirea este un element fundamental pentru narațiunea biblică, întrucât doar cei care sunt convertiți se vor bucura de noua creație. Ființele omenești trebuie să se întoarcă de la păcat către Dumnezeu pentru a fi mântuite. Oamenii trebuie să se pocăiască de păcatele lor și să creadă în Evanghelia lui Isus Hristos cel crucificat și înălțat. Va fi de puțin folos cuiva să descopere în ziua de apoi că a contribuit într-o modalitate minoră sau chiar într-una semnificativă la îmbunătățirea acestei lumi, oricât de util ar fi acest lucru, dacă acea persoană nu a fost convertită.

DESPRE AUTOR:

Thomas R. Schreiner este profesor de interpretarea Noului Testament la The Southern Baptist Theological Seminary în Louisville, Kentucky și păstor cu predicarea la Clifton Baptist Church. Îl puteți găsi pe Twitter la @DrTomSchreiner.

CE ESTE CONVERTIREA?

Convertirea este o întoarcere la 180° în viața unei persoane. Este întoarcerea întregii persoane de la păcat către Hristos, spre mântuirea sufletului. Este întoarcerea de la închinarea la idoli la închinarea față de Dumnezeul cel adevărat. Este întoarcerea de la justificarea de sine la justificarea lui Hristos. Este întoarcerea de la autoguvernare la stăpânirea lui Dumnezeu.

Convertirea este ceea ce se petrece atunci când Dumnezeu trezește un om care este mort spiritual și îl face capabil să se pocăiască de păcatele sale și să aibă credința în Hristos.

- Atunci când Isus ne cheamă să ne pocăim și să credem, El ne cheamă la convertire. Ea reprezintă o schimbare radicală în ceea ce noi credem și facem (Marcu 1:15).

- Atunci când Isus ne cheamă să ne luăm crucea și să Îl urmăm, El ne cheamă la convertire (Luca 9:23).

- Pentru ca noi să ne pocăim, Dumnezeu trebuie să ne dea o viață nouă, inimi noi și credință (Efeseni 2:1; Romani 6:17; Coloseni 2:13; Ezechiel 36:26; Efeseni 2:8; 2 Timotei 2:25).

Convertirea *nu* este:

- **Un eveniment unic fără implicații cu privire la felul în care trăim**. Convertirea *are* loc într-un moment unic, dar acesta este un moment al *schimbării radicale*. Viața noastră ar trebui să arate diferit după aceea. Începe o nouă bătălie.

- **O călătorie fără destinație**. Convertirea poate fi precedată de un lung proces, în cazul unor persoane, dar ea întotdeauna va implica o decizie hotărâtă de a se pocăi de păcat și de a-și pune credința în Hristos, lucru care este rezultatul imediat al faptului că Dumnezeu dă o viață nouă unui păcătos mort spiritual.

- **Opțională**. Faptele Apostolilor 17:30 spune că Dumnezeu poruncește tuturor oamenilor de pretutindeni să se pocăiască. Convertirea nu poate fi niciodată forțată, dar este absolut necesară pentru a putea fi mântuiți.

- **O simplă conversație**. Chiar dacă creștinii ar trebui să comunice Evanghelia cu smerenie, obiectivul nostru nu constă dintr-o simplă informare sau un simplu schimb plăcut de informații. Noi trebuie să îi chemăm pe *toți oamenii* să se pocăiască de păcatele lor și să își pună credința în Hristos, spre mântuirea sufletelor lor.

- **Repetarea unei rugăciuni după dictare**. Convertirea implică în mod sigur rugăciunea, dar trebuie să fim atenți să nu îi ispitim pe oameni să-și pună credința într-un set anume de cuvinte, ci în Hristos.

(Acest material a fost extras în mare parte din articolul lui Brad Wheeler din prezentul număr al revistei noastre).

CONVERTIREA ȘI ISTORIA POPORULUI ISRAEL

Thomas R. Schreiner

Aproape orice persoană din zilele noastre subliniază faptul că ceea ce avem în Biblie este o narațiune, și pe bună dreptate. Ea a fost adesea descrisă ca narațiunea creației, căderii, răscumpărării și a împlinirii finale. Ea trece de la creație la noua creație.

Dar unde se potrivește convertirea în această narațiune? Ea aparține acelei componente care implică răscumpărarea.

Evident, nu convertirea este tema centrală a narațiunii – ceea ce este central este scopul pentru care oamenii sunt convertiți, și pentru care ei au fost și creați. Așa cum spune Mărturisirea de la Westminster, noi am fost creați „să-L glorificăm pe Dumnezeu și să ne bucurăm veșnic de El". Există o lume nouă care va să vină, și acolo noi vom domni cu Hristos pe vecie și Îi vom vedea fața (Apocalipsa 22:4).

În același timp, convertirea este un element fundamental al acestei narațiuni, întrucât fără ea noi nu vom fi parte din noua creație a lui Dumnezeu. Narațiunea biblică arată destul de clar faptul că Îl vom lăuda veșnic pe Dumnezeu în cetatea cerească deoarece ne-a răscumpărat, ne-a salvat din stăpânirea întunericului și ne-a inclus în Împărăția Fiului Său preaiubit. Noi nu vom uita niciodată lucrarea hotărâtă și mântuitoare a lui Dumnezeu, săvârșită în viețile noastre prin crucea lui Hristos și prin învierea Lui. Acestea vor fi întotdeauna elementul central al laudelor noastre.

Întrucât istoria poporului Israel ocupă vasta majoritate a narațiunii biblice, aș vrea să ofer o scurtă schiță care demonstrează de ce convertirea este un element fundamental al narațiunii.

CONVERTIREA ȘI ISTORIA ISRAELULUI

Istoria poporului Israel începe în realitate cu Adam. Adam și Eva au fost creați pentru a aduce slavă lui Dumnezeu, stăpânind în lume la porunca Lui (Geneza 1:26-28). Ei trebuiau să fie vice-regenții Lui în lumea pe care El o crease. Ei trebuiau să-și exerseze dominația sub domnia lui Dumnezeu prin a crede și a asculta de instrucțiunile Lui. Dar ei s-au răzvrătit împotriva domniei lui Dumnezeu, închinându-se la propriile ființe, în calitate de creaturi, în loc să aducă laude și mulțumiri Creatorului. Ca rezultat al neascultării lor, Adam și Eva au murit (Geneza 2:17). Ei s-au separat de Dumnezeu din momentul păcatului lor și au avut garanția morții veșnice dacă nu aveau să se pocăiască.

Ulterior păcatului lor, nevoia fundamentală a lui Adam și Eva a fost aceea de a fi convertiți. Cu greu ar fi putut să stăpânească lumea la porunca lui Dumnezeu și să ducă mai departe binecuvântările Lui peste tot pământul, dacă nu aveau o relație corectă cu El.

Totuși, Dumnezeu a promis că sămânța femeii avea să biruie șarpele și sămânța șarpelui (Geneza 3:15). Istoria timpurie a omenirii demonstrează răutatea radicală a ființelor omenești. Toți oamenii intră în lume în calitate de fii și fiice ai lui Adam (Romani 5:12-19) și sămânţă a şarpelui (Matei 13:37-38; Ioan 8:44; 1 Ioan 5:19). Doar cei care experimentează harul mântuitor al lui Dumnezeu vor fi eliberaţi de sub stăpânirea Satanei. De exemplu, Cain a arătat de ce parte s-a situat prin a-l ucide pe neprihănitul Abel (Geneza 4:1-6).

Cât de puternice erau forţele răului? Până la Noe, pe faţa pământului rămăseseră doar opt fiinţe neprihănite! Fiinţele omeneşti erau profund înrăite, iar Geneza 6:5 atestă cât de adânc pătrunsese păcatul în fiinţa omenească. Sămânţa şarpelui ajunsese să cuprindă întreaga lume, dar Dumnezeu Şi-a arătat sfinţenia şi domnia prin a-i distruge pe păcătoşi cu un potop. Apoi avem de-a face cu un nou început, dar cu greu am putea spune că situaţia s-a îmbunătăţit cu ceva, întrucât inimile oamenilor nu fuseseră schimbate (Geneza 8:21). Circumstanţa evenimentelor de la turnul Babel (Geneza 11:1-9) arată că noua creaţie nu fusese instituită cu acel prilej. Lumea nu era dominată de fiinţe omeneşti care să Îl iubească pe Domnul. Noua creaţie nu putea să vină fără o inimă nouă.

Răspândirea oamenilor şi judecata făcută la Babel a fost urmată de chemarea lui Avraam (Geneza 12:1-3). Încă odată, vedem un om într-o lume rea. Dar acest singur om a fost chemat de Dumnezeu şi a primit promisiunea binecuvântării. Canaanul avea să fie, dacă este să ne exprimăm aşa, noul Eden, iar Avraam a fost, în anumite privinţe, un Adam. Copiii lui Avraam aveau să fie copiii lui Dumnezeu, iar binecuvântarea dată lui Avraam avea în

final să se răspândească peste întreaga lume. Fiinţele omeneşti aveau să stăpânească sub domnia lui Dumnezeu, întocmai cum fuseseră chemaţi să facă Adam şi Eva.

Ceea ce este remarcabil aici este cât de mult timp ia naraţiunii ca să se deschidă progresiv. Promisiunile n-au fost împlinite vreme de aproape 2000 de ani! Cartea Geneza se concentrează pe naşterea copiilor lui Avraam, Isaac şi Iacov. Aceşti bărbaţi nu au moştenit ţara Canaanului şi cu siguranţă că n-au văzut binecuvântarea răspândindu-se în întreaga lume.

Naraţiunea avansează de la Exod până la Deuteronom, relatând eliberarea Israelului din robia egipteană (Exod 1:15). Dumnezeu avea acum să împlinească promisiunea multor copii — populaţia Israelului exploda. Domnul îi eliberase din Egipt pentru a-i aduce într-un fel nou de Eden, ţara Canaanului. În această ţară, stăpânirea împărătească a lui Dumnezeu peste poporul Său avea să fie exprimată mai clar, iar naţiunile trebuiau să vadă neprihănirea, pacea şi prosperitatea unui popor care trăia sub stăpânirea lui Dumnezeu. Dar generaţia care a părăsit Egiptul n-a ajuns niciodată în această ţară (Numeri 14:20-38). Ei au refuzat să-şi pună credinţa în promisiunea lui Dumnezeu, chiar şi după ce au văzut marea eliberare din Egipt şi toate minunile şi semnele lui Dumnezeu. Majoritatea celor din poporul Israel care au fost eliberaţi din Egipt au fost încăpăţânaţi şi răzvrătiţi, şi nu L-au cunoscut cu adevărat pe Domnul (cf. 1 Corinteni 10:1-12;

Evrei 3:7-4:11). Inimile lor aveau nevoie să fie circumcise – adică convertite – aşa încât să-L iubească pe Domnul şi să se teamă de El (Deuteronom 30:6), alipindu-se de El ca Dumnezeu al lor şi umblând în toate căile Lui.

Copiii care s-au născut după generaţia din pustie au avut succes acolo unde generaţia anterioară a eşuat. Iosua şi Israel au crezut în Domnul şi L-au ascultat, moştenind ţara Canaanului promisă lui Avraam (Iosua 21:45; 23:14). Acum, Israelul era liniştit să trăiască în noul lui Eden şi era chemat să arate frumuseţea şi gloria trăirii sub stăpânirea lui Iahve. Dar a existat totuşi un vierme în miezul mărului. Ascultarea Israelului faţă de Domnul a fost de scurtă durată. Conform cărţii Judecători, Israelul n-a reuşit să devină o binecuvântare pentru celelalte naţiuni, ci dimpotrivă, le-a imitat în rău. Ei s-au dedat căilor păgâne. Domnul a continuat să-Şi elibereze poporul atunci când ei s-au pocăit, şi totuşi inimile lor au rămas neschimbate, căci israeliţii au continuat să se întoarcă la păcatele lor.

Ce ar fi trebuit să facă Israelul? Trecuseră aproape 1000 de ani de la promisiunea făcută lui Avraam. Israelul avea acum o populaţie numeroasă şi trăia în ţara promisă, dar promisiunile binecuvântării globale nu erau nici pe departe împlinite. Israelul a dorit un rege, convins că acesta îi va elibera de vrăjmaşii lor, la fel cum făceau regii celorlalte naţiuni (1 Samuel 8:5). Când Saul a fost numit rege, el a fost, asemenea lui Avraam, într-un anume fel, un nou Adam rânduit de Dumnezeu să conducă Israelul spre gloria lui Dumnezeu. Dar, asemenea lui Adam, Saul s-a răzvrătit împotriva Domnului și, ca urmare, a fost îndepărtat de pe tron (1 Samuel 13:13; 15:22-23). Stăpânirea Domnului peste Israel n-a fost împlinită sub domnia lui Saul. Apoi Dumnezeu l-a uns pe David ca rege și, spre deosebire de Saul, el a fost un om după inima lui Dumnezeu, conducând națiunea spre gloria lui Dumnezeu (1 Samuel 13:14). Totuși, adulterul lui David cu Bat-Șeba și uciderea lui Urie au demonstrat că nu el avea să fie agentul prin care binecuvântările lui Dumnezeu urmau să se răspândească peste întreaga lume (2 Samuel 11).

Când Solomon s-a urcat pe tron, paradisul noii creații părea să fie foarte aproape (2 Împărați 2:13-46). Pacea a caracterizat domnia lui, și a reușit să construiască un templu impunător pentru Domnul (2 Împărați 3-10). La început, Solomon a condus poporul cu înțelepciune și în frică de Domnul, dar el s-a depărtat apoi de Domnul și a căzut în idolatrie (1 Împărați 11). Drept rezultat, poporul a fost divizat în două împărății: Israel în partea de nord, și Iuda în partea de sud (1 Împărați 12). Acest lucru a fost începutul unei lungi alunecări în păcat, care a culminat cu exilul Israelului de către asirieni în anul 722 î.d.Hr. și al lui Iuda de către babilo-

nieni în anul 586 î.d.Hr. (2 Împărați 17:6-23; 24:10-25:26). Trecuseră aproape 1500 de ani de la chemarea lui Avraam. Țara promisă, sămânța și binecuvântările date lui Avraam nu erau nici pe departe împlinite. Israelul nu mai era în țara promisă, ci în exil. În loc să fie o binecuvântare pentru toată lumea, Israelul devenise asemenea lumii.

De ce se afla Israel în exil? Care era problema? Profeții predicaseră în mod repetat că Israelul se afla în exil datorită păcatelor lor (ex. Isaia 42:24-25; 50:1; 58:1; 59:2, 12; 64:5). În Isaia, Domnul promite un nou exod și o nouă creație. Dar acest nou exod și nouă creație aveau să vină doar prin iertarea păcatelor (Isaia 43:25; 44:22), iar această iertare avea să devină realitate prin moartea Robului Domnului (Isaia 52:13-53:12).

Ieremia subliniază aceleași adevăruri. Israelul avea nevoie de o inimă circumcisă (Ieremia 4:4; 9:25). Cu alte cuvinte, ei aveau nevoie să fie regenerați și convertiți. Ieremia prorocește că un nou legământ va fi instaurat, prin care Domnul va scrie legea Lui în inimile poporului Său, făcându-i capabili să Îl asculte (Ezechiel 36:25-27). Inimile lor schimbate vor fi un rezultat al lucrării Duhului Sfânt și, drept consecință, Israel va umbla pe căile lui Dumnezeu și va păzi poruncile Lui.

Israelul s-a întors din exil în anul 536 î.d.Hr., dar marile promisiuni ale profeților nu au fost împlinite complet. Israelul s-a luptat în vremea profeților Hagai, Zaharia, Ezra, Neemia și Maleahi. Lucrarea promisă a Duhului Sfânt încă nu își făcuse apariția. Ei așteptau un Împărat. Așteptau sosirea noii creații.

FĂRĂ CONVERTIRE NU EXISTĂ BINECUVÂNTARE PENTRU ISRAEL SAU PENTRU LUMEA ÎNTREAGĂ

Istoria poporului Israel ne arată că noua creație și noul exod nu pot să aibă loc fără iertarea păcatelor și fără o inimă circumcisă. Promisiunile date lui Avraam nu se puteau realiza datorită păcatului și răzvrătirii Israelului. Istoria națiunii este marcată de neascultare repetată și de un refuz de a face voia lui Dumnezeu. Israelul avea nevoie disperată ca păcatele să îi fie iertate, iar Isaia ne arată că o astfel de iertare avea să fie realizată prin suferințele Robului din Isaia 53. De asemenea, Israelul avea nevoie de lucrarea supranaturală a Duhului Sfânt pentru a fi salvat. Avea nevoie să fie convertit. Convertirea este un lucru fundamental pentru istoria Israelului, întrucât binecuvântările promise Israelului și lumii nu pot fi vreodată ale lor în lipsa convertirii.

DESPRE AUTOR:

Thomas R. Schreiner este profesor de interpretarea Noului Testament la The Southern Baptist Theological Seminary în Louisville, Kentucky și păstor cu predicarea la Clifton Baptist Church. Îl puteți găsi pe twitter la @DrTomSchreiner.

EVANGHELIZAREA „CONVERTIȚILOR"

Bob Johnson

Unele dintre cele mai evidente oportunități evanghelistice sunt legate de oamenii care sunt membri în bisericile noastre. Deja ai o relație cu ei. Deja ai avantajul faptului că le vorbești în mod consecvent despre Evanghelie. De asemenea, ai anumite oportunități rânduite de Dumnezeu de a-i îndrepta în mod personal către Hristos.

Pavel i-a avertizat pe prezbiterii bisericii din Efes că vor veni lupi răpitori între ei, care vor căuta să provoace mari daune turmei (Faptele Apostolilor 20:29). Hristos a avertizat mai multe biserici în Apocalipsa 2-3 asupra faptului că aveau necredincioși printre ei. Dacă aceste biserici aveau necredincioși dintre ei, probabil că și noi avem astfel de oameni printre noi. Dar cum să îi evanghelizăm?

CUM SĂ ÎI EVANGHELIZEZI PE MEMBRII NECONVERTIȚI

Plec de la prezumția că predici Evanghelia credincios și conștiincios și că îi îndrepți pe oamenii din biserica ta către Hristos. Efectul predicării credincioase a Evangheliei este asemenea unui explozibil: are o modalitate de a da la o parte totul. Dar, pentru a cuceri, ai nevoie și de trupe terestre. Așadar, în timp ce Îl predici pe Hristos cu bucurie, caută să împlinești și aceste lucruri:

1. Roagă-te pentru convertirea membrilor bisericii tale

În primul rând, roagă-te pentru convertirea membrilor bisericii tale. Roagă-te ca Dumnezeu să facă deosebirea între posesori și impostori. Presupun că majoritatea dintre voi vă rugați public la începutul și la sfârșitul predicilor. Acestea sunt oportunități minunate să vă rugați pe acest subiect critic – anume ca oamenii să nu se bazeze pe calitatea lor de membri ca și cum aceasta le-ar da un statut de oameni neprihăniți înaintea lui Dumnezeu, ci ca toți să se pocăiască cu adevărat și să-și pună credința în Hristos.

2. Predică pentru convertirea membrilor bisericii tale

În al doilea rând, predică spre convertirea membrilor bisericii tale. Dacă predici expozitiv, nu poți predica prea multe mesaje înainte să ajungi la problema falselor convertiri. Ilustrează acest aspect în predicarea ta, folosindu-te inclusiv de exemple din propria biserică. Când cineva se botează, oferă oportunitatea acestor persoane de a explica Evanghelia și de a povesti cum au ajuns la credința în Hristos. Luna trecută, David a spus bisericii noastre cum se pretinsese credincios vreme de mulți ani. Povestea convertirii lui este un exemplu deosebit la care fac referire adesea.

3. Fii conștient de adevărata și falsa convertire în slujba de consiliere

În al treilea rând, fii conștient de aceste realități în slujba de consiliere. Devin (nu este numele lui real) și soția lui au venit la mine pentru o ședință de consiliere în căsătorie. Devin nu era deloc interesat întrucât, așa cum a ajuns în final să recunoască, el se gândea că găsise pe altcineva cu care să își unească destinul. Într-o duminică, l-am oprit după serviciul bisericii și i-am spus că, dacă va continua să meargă pe acest drum, trebuia să ştie că nu mai putea să pretindă că este un ucenic al lui Hristos. În fapt, hotărârea lui de a continua această relaţie adulteră era un indiciu că el nu fusese niciodată un ucenic autentic al lui Hristos.

Devin nu s-a pocăit, dar Greg (nu este numele lui real), a făcut-o. Greg a întâlnit o fată într-o călătorie de afaceri şi a fost pe punctul de a-şi părăsi soţia şi copiii pentru ea. Într-o seară am stat la masă cu el, în bucătărie, şi i-am spus că trebuie să aleagă între Hristos şi acea fată, pentru că nu îi putea avea pe amândoi. Deşi el pretinsese că era credincios şi se alăturase bisericii cu mulţi ani înainte, viaţa lui demonstrase foarte puţină roadă a Evangheliei. Greg şi-a plecat genunchiul inimii în faţa lui Hristos şi, prin harul lui Dumnezeu, el a fost nu doar răscumpărat, ci şi-a salvat şi căsnicia.

4. Fii conştient de aceste realităţi în vizitele tale la spital şi în alte circumstanţe de viaţă şi moarte.

În al patrulea rând, fii conştient de aceste realităţi în vizitele tale la spital şi în alte circumstanţe de viaţă şi moarte. Chuck, numele lui real, se afla în spital. Doctorul tocmai îi spusese că nu mai era nimic de făcut pentru inima lui. El avusese ceva speranţe, dar sfârşitul îi era acum aproape. Chuck fusese un om de afaceri de succes şi chiar se implicase în multe organizaţii creştine. În bisericile unde fusese membru, el slujise în comitet şi chiar predase

ore la şcoala duminicală. Acum era pe moarte şi era îngrozit.

Chuck purta cu el un secret pe care foarte puţini oameni îl ştiau. În decursul celui de-al doilea război mondial, el pilotase un avion de bombardament deasupra Japoniei, aruncând mii de tone de bombe asupra acelei ţări. El ştia că ucisese sute, dacă nu chiar mii de oameni. În cea de-a 24-a misiune, avionul lui fusese lovit destul de grav, dar el a fost în măsură să-l aducă înapoi la bază. Totuşi, copilotul lui a murit. Chuck a primit permisiunea de a se întoarce acasă după cea de-a 25-a misiune, dar el a fost atât de mânios din cauza morţii copilotului său, încât s-a înrolat pentru alte 25 de misiuni, şi apoi alte 25 de misiuni, aşa încât să poată ucide cât mai mulţi japonezi. Şi asta a şi făcut. După 76 de misiuni, Chuck s-a întors în final acasă.

În drumul său înapoi către Michigan, el s-a întâlnit la baza din California cu unii dintre prizonierii de război japonezi. Unii dintre ei au fost foarte blânzi şi au spus că ei nu-şi doriseră războiul. Ei doar doreau să meargă înapoi la familiile lor. I-au arătat chiar fotografii cu soţiile şi copiii lor. Mânia lui Chuck s-a transformat în frică. El s-a gândit că poate ucisese pe unele dintre soţiile şi copiii acestora. A început să conştientizeze că el nu ucisese doar nişte civili într-un război, ci se înscrisese să omoare oameni.

Acum, după 60 de ani, realitatea confruntării cu Dumnezeu a

scos la iveală frica lui cea mai profundă. El avea să moară şi să fie condamnat la Iad. Chuck şi-a sfârşit povestea, plecându-şi genunchii, întorcându-se de la mine şi uitându-se către perete. Trupul său fragil făcea ca patul de spital să pară uriaş. Chuck mă auzise ani de zile predicând Evanghelia. Dar în acea zi era evident că, chiar dacă el se amăgise în tot acest an, realitatea lipsei convertirii lui era evidentă. Situaţia lui era diferită.

Am stat acolo tăcut şi am încercat să-mi imaginez greutatea vinovăţiei lui, apoi am spus: „Chuck, tu eşti un mare păcătos, dar Isus este un Mântuitor mai mare decât tot păcatul tău". Chuck a răspuns de parcă ar fi fost lovit de fulger. S-a uitat la mine ca şi cum ar fi auzit aceste lucruri pentru prima dată în viaţa sa. Ochii i s-au făcut dintr-o dată mari, faţă i s-a animat şi a spus: „Aşa este, nu-i aşa? Isus este un Mântuitor mai mare decât sunt eu un păcătos".

Chuck a murit la două săptămâni după aceea. Bucuria pe care a experimentat-o în acele ultime două săptămâni a constituit dovada faţă de toţi cei care l-au vizitat că lanţurile robiei lui au fost frânte. Inima lui a fost eliberată.

Membrii bisericii tale îţi pot permite să pătrunzi în cele mai ascunse gânduri ale lor. Ai putea descoperi că nevoia lor supremă este aceea de a crede în Hristos, şi asta pentru prima dată în vieţile lor.

DESPRE AUTOR:

Bob Johnson este păstor senior la Cornerstone Baptist Church în Roseville, Michigan.

ȘASE MODALITĂȚI ÎN CARE POȚI DA OAMENILOR O FALSĂ SIGURANȚĂ

Mike McKinley

Ca păstor, interacționez cu o mulțime de oameni care se luptă să aibă siguranță în ce privește autenticitatea convertirii lor. În gândirea lor, păcatul lor se agață îndeaproape de ei, iar eșecurile lor sunt întotdeauna vizibile și la îndemână. În majoritatea situațiilor, eu cred că aceștia sunt frați și surori credincioși, care au nevoie de mângâiere și de reasigurare cu privire la credința lor.

Dar există un alt grup de oameni în multe dintre bisericile noastre, față de care am o cu totul altfel de îngrijorare: cei care au o credință fermă, dar lipsită de temelie, care cred că sunt cu adevărat convertiți, dar nu sunt. Poate că le cunoști felul de a fi. Ei știu expresiile și cuvintele corecte. Ei stau departe de păcatele scandaloase și publice. Sunt oameni morali. Cu toate acestea, ei nu au roade adevărate, nu aduc dovezi asupra faptului că Duhul lui Dumnezeu, care convertește, s-ar afla la lucru în interiorul lor. Adeseori, în acești oameni, se găsește un întreg domeniu netratat al păcatelor secrete.

ȘASE MODALITĂȚI ÎN CARE PĂSTORII POT ALIMENTA FALSA SIGURANȚĂ

Acești oameni sunt greu de evanghelizat, căci este ca și cum ar fi fost inoculați față de Evanghelie. Ei cred că au deja tot ceea ce au nevoie, și astfel nu caută nimic mai mult. Iar dacă există vreun domeniu al unor păcate ascunse, ei au făcut deja pace cu acesta de multă vreme.

Trist este că bisericile noastre sunt cel puțin în parte vrednice de blamat pentru prezența acestor oameni în mijlocul nostru. Dă-mi voie să sugerez șase modalități prin care noi, păstorii, putem să ajutăm, chiar și fără să vrem, la alimentarea falsei siguranțe în oameni ca aceștia.

1. Pleacă de la prezumția că Evanghelia este propovăduită de la sine

Este ușor să presupunem că oamenii din bisericile noastre înțeleg și cred Evanghelia. Dincolo de orice, ei se află în biserică în fiecare duminică dimineața. Dar realitatea este că multe dintre bisericile noastre au luat ca un lucru de apucat mesajul și felul în care congregația îl înțelege. Ca rezultat, bisericile noastre sunt pline de oameni care ar putea înțelege unele dintre implicațiile Evangheliei (de exemplu, cum să fii un soț mai bun, cum să îți stăpânești mânia) și să trăiască astfel vieți morale, dar fără să își însușească Evanghelia pentru propriile persoane.

Acest lucru este unul aducător de moarte din punct de vedere spiritual, pentru că deși viețile morale ar putea fi dovada credinței cuiva în Evanghelie, în același timp ele pot fi dovada auto-neprihănirii și a fățărniciei. Cu siguranță că este corect să subliniem faptul că acea credință care justifică nu este niciodată singură, ci faptele însoțesc întotdeauna credința adevărată. Dar trebuie mai întâi să subliniem că suntem justificați doar prin credință și să subliniem acest lucru în mod repetat, altfel faptele pe care le vezi nu vor fi faptele justificării mântuitoare. Când Evanghelia nu este propovăduită clar, când calea către cer și calea către Iad nu sunt clar prezentate şi delimitate de către predicator, atunci oamenii vor presupune că moralitatea lor sau faptul că participă la serviciile bisericii le oferă temelia siguranţei.

Pe scurt, nu predica moralismul. Niciodată. Predică Evanghelia săptămână de săptămână. Apoi, odată ce ai aşezat ferm indicativele Evangheliei la locul lor, predică imperativele care trebuie să le urmeze în mod necesar.

2. Oferă oamenilor o perspectivă superficială asupra păcatului

Biblia ne învaţă că păcatul nu este doar ceva ce noi facem, ci el defineşte cine suntem noi în starea decăzută. Scripturile ne învaţă că suntem cu toţii morţi spiritual (Efeseni 2:1-2), robi faţă de păcat (Ioan 8:34), vinovaţi de încălcarea întregii Legi a lui Dumnezeu (Iacov 2:20) şi condamnaţi să experimentăm mânia dreaptă a lui Dumnezeu (Romani 1:18). Suntem păcătoşi în profunzimea fiinţei noastre.

Oamenii care au o siguranţă falsă adesea înţeleg greşit păcatul. Dacă păcatul este doar o chestiune care ţine de comportamentul exterior şi observabil, atunci, cu puţin efort şi disciplină, ei pot să-şi rezolve singuri problemele. Dar dacă îi putem convinge să se confrunte în mod regulat cu învăţătura biblică despre păcat, atunci ei vor fi forţaţi să vadă că au nevoie de naşterea din nou şi de o mântuire care vine din afara persoanelor proprii.

3. Tratează uşuratic membralitatea în biserică şi disciplina bisericii

Membralitatea într-o congregaţie locală are scopul de a da credincioşilor, printre altele, siguranţa mântuirii lor. Este ca un sigiliu colectiv de aprobare cu privire la pretenţia cuiva de a fi creştin. Atunci când o congregaţie examinează mărturia cuiva de credinţă şi felul în care acea persoană trăieşte, şi apoi botează acea persoană şi o primeşte la Cina Domnului, biserica spune, în fapt, următoarele: „Atâta cât putem spune, şi cu puterea şi înţelepciunea care ne sunt date de Hristos, eşti unul dintre noi". De cealaltă faţetă a monedei, când o biserică excomunică pe cineva, acea biserică îşi îndepărtează sigiliul aprobării pretenţiei de credinţă a cuiva. Congregaţia îi spune acelui individ că acţiunile lui sau ale ei au subminat credibilitatea pretenţiei de credinţă şi temelia siguranţei acelei persoane.

Dar când o biserică tratează cu uşurătate primirea membrilor, când ea permite oamenilor care nu participă la biserică să rămână membri, ea alimentează falsa siguranţă. Oare cât de mulţi oameni vor ajunge în Iad pentru că biserica lor n-a manifestat preocupare cu privire la membralitatea lor şi astfel le-a dat o siguranţă falsă?

4. Învaţă-i pe oameni să-şi întemeieze siguranţa pe nişte acţiuni exterioare din trecut

Aşa cum am observat deja, Evanghelia cere de la noi un răspuns. Iar bisericile şi programele evanghelistice au considerat uneori că este util să pună înaintea oamenilor o metodă prin care aceştia să-şi exprime proaspăta lor dedicare faţă de Hristos. Unii oferă oamenilor şansa de a repeta după dictare o rugăciune a păcătosului. Alţii le oferă şansa de a ieşi în faţa bisericii sau de a-şi scrie numele pe o foaie de hârtie. Câteodată, astfel de acţiuni exterioare pot cu adevărat să fie răspunsul autentic faţă de lucrarea de convertire făcută de Duhul Sfânt.

În acelaşi timp ele pot fi înşelătoare. Este posibil să te rogi o rugăciune, să ieşi în faţă sau să-ţi scrii numele pe un cartonaş de răspuns şi totuşi să rămâi totalmente pierdut în păcatele tale. Aşadar, dacă îi încurajăm pe oameni să-şi întemeieze siguranţa pe anumite acţiuni exterioare care pot fi îndeplinite separat de naşterea din nou, îi punem pe aceşti oameni într-un pericol spiritual deosebit de mare. Oare cât de mulţi oameni umblă chiar acum în această lume fiind complet pierduţi, dar care sunt siguri că ei vor merge în cer pentru că s-au rugat cândva o rugăciune, pe vremea când erau copii?

5. Nu face nicio legătură între justificare şi sfinţire în faţa oamenilor din biserica ta

Într-un efort bine motivat de a preamări harul fără plată al lui Dumnezeu, poţi ajunge să predici adevărul justificării doar prin credinţă, doar prin Hristos, fără să faci legăturile necesare cu sfinţirea pentru cei ce te aud. Dar învăţătura Scripturii este aceea că lucrarea de justificare făcută de Hristos va produce întotdeauna roada neprihănirii în vieţile credincioşilor, aşa cum am spus mai devreme (pentru un singur exemplu pe această temă, observă logica din pasajul din Romani 6:1-14).

O deconectare între justificare şi sfinţire este foarte periculoasă pentru credincioşi. Ea subliniază felul în care ei înţeleg nevoia sfinţeniei personale şi motivaţia lor pentru a-şi exprima dragostea faţă de Dumnezeu prin ascultarea lor faţă de El. Dar, pentru cei care au o siguranţă falsă, aceasta este de două ori mai periculoasă, pentru că îi încurajează să creadă că este perfect posibil să trăiască în răzvrătire deschisă faţă de Dumnezeu şi totuşi să se considere neprihăniţi înaintea Lui.

6. Învaţă-i pe oamenii din biserica ta să ignore avertismentele Bibliei

Scriptura este plină de avertismente înfricoşătoare adresate celor care alipesc de păcat şi/sau părăsesc credinţa (ex. Matei 5:27-30; Evrei 6:1-6). În eforturile noastre de a predica cu claritate grija suverană a lui Dumnezeu pentru poporul Său, ajungem uneori să subminăm forţa acestor avertismente prin a le da oamenilor impresia că ele nu se aplică celor credincioşi.

Dar acele avertismente se găsesc în Biblie cu un scop precis. Ele sunt adevărate şi sunt unele dintre modalităţile prin care Dumnezeu Îşi păzeşte poporul de rătăcire. Un păstor înţelept va accentua gravitatea păcatului şi a apostaziei, şi îi va chema pe toţi cei ce îl ascultă să persevereze în credinţă.

DESPRE AUTOR:

Mike McKinley este autor creştin şi păstor la Sterling Baptist Church din Sterling, Virginia.

APARTENENŢA ÎNAINTEA CREDINŢEI REDEFINEȘTE BISERICA

Michael Lawrence

Una dintre marile descoperiri ale lumii moderne constă în aceea că John Donne avut dreptate, pe când Simon Garfunkel a greşit: *nu sunt* o stâncă, *nici* o insulă.

De la ceea ce cred că sunt până la ceea ce gândesc despre viaţă şi univers, credinţele mele sunt construite social. Asta înseamnă că nu iau decizii complet independente. Înseamnă pur şi simplu că contextul social în care trăiesc determină în mare măsură mulţimea de opţiuni din care îmi aleg ceea ce prefer să cred.

Mai mult, cultura răsplăteşte anumite alegeri şi le penalizează pe altele cu aprobarea sau dezaprobarea ei. Uneori, răsplata este financiară. Dar, mai puternică decât răsplata materială este cea socială, intelectuală şi emoţională, răsplata de a fi considerat un membru normal, sănătos, bine integrat al societăţii. Noi suntem fiinţe sociale, şi de aceea dorim să fim incluşi în grup.

Aceasta înseamnă că, indiferent de meritele obiective ale unei idei, anumite idei par mai plauzibile sau mai atractive decât altele. Este dificil să crezi ceva despre care cam toţi cei pe care îi cunoşti cred că este o nebunie. Pe de altă parte, este destul de uşor să crezi ceva despre care toţi cei pe care îi cunoşti cred că este evident şi adevărat. Noi nu suntem nişte insule într-un curs de apă, ci suntem o şcoală de peşti, şi pare logic să ne alăturăm turmei.

BISERICA SPUNE: „NU ESTE UN LUCRU ATÂT DE NEBUNESC PE CÂT CREZI"

Ce se petrece atunci când aplici aceste idei elementare la biserica locală şi la lucrarea ei de evanghelizare? Dintr-o dată, conştientizezi că biserica locală este mai mult decât un loc unde se predică sau un local pentru programele evanghelistice. Dintr-o dată vezi că lucrarea evanghelizării nu mai este limitată la experţii în domeniu.

Dimpotrivă, întreaga comunitate devine un element crucial în porunca înaintării Evangheliei. Acea comunitate devine alternativa plauzibilă la necredinţă. Ea devine o subcultură care demonstrează ce înseamnă să Îl iubeşti şi să Îl urmezi pe Isus şi, astfel, ce înseamnă să îi iubeşti şi să îi slujeşti pe ceilalţi. Iar acest lucru se petrece atunci când trupul bisericii trăieşte viaţa împreună. De la întâlnirile publice până la studiile biblice în grupuri mici, de la întâlnirile informale la o cină până la evenimentele pur sociale, viaţa colectivă a bisericii întăreşte nu doar credinţele împărtăşite de acea comunitate, ci ea şi comunică unei lumi necreştine care ne priveşte: „Acest lucru nu este atât de nebunesc pe cât aţi gândi, şi dacă aţi face saltul de la necredinţă la credinţă, n-aţi fi singurii în această situaţie."

Cu alte cuvinte, biserica devine o structură plauzibilă pentru credinţă. Are logică?

UN PAS ÎNAINTE: APARTENENŢA ÎNAINTEA CREDINŢEI

În ultimele câteva decenii, totuşi, multe biserici au dus această descoperire un pas înainte. Dacă am vedea că o alternativă plauzibilă din exterior poate să ajute pe cineva să treacă de la necredință la credință, n-ar putea fi oare chiar mai bine să privească la aceste lucruri din interior? Dacă vrem să ducem Evanghelia mai convingător la necreștini, n-ar fi mai eficient decât să-i invităm în interior, lăsându-i să încerce mesajul ei înainte de a se hotărî să și-o însușească? Dacă comunitatea este cel mai puternic instrument pe care îl avem, atunci hai să-i lăsăm pe oameni în interior, nu să-i ținem ca pe niște observatori exteriori, ci să-i considerăm, cu atenție, niște participanți la viața colectivă, alături de noi.

Care este rezultatul? „Necredincioșii" devin „căutători", în loc să rămână necreștini. Ei devin tovarăși călători pe aceeași cale cu noi, doar că se află într-un alt punct în această călătorie.

Practic, asta înseamnă să-i lăsăm pe necredincioși să se alăture la orice, de la a fi membri în echipa de închinare până la lucrarea de afterschool, de la a fi ușieri până la a coordona lucrarea cu pensionarii. Toți sunt incluși în comunitate, toți aparțin acesteia, indiferent de credință.

Ideea este că, înainte ca ei să își dea seama, nu doar că vor simți ce înseamnă să aparțină comunității, ci vor crede în același timp la ce anume aparțin, pentru că apartenența a făcut credința plauzibilă.

DE CE SĂ NU-I LĂSĂM SĂ APARȚINĂ ÎNAINTE DE A CREDE? – TREI MOTIVE

Aceasta este o idee atractivă. Pare chiar o idee eficientă. Dar este în același timp și o idee greșită. Iată trei motive:

1. Dă naștere confuziilor între credincioși

În primul rând, dă naștere confuziilor între creștini. Eu păstoresc o biserică ce, vreme de ani de zile, a practicat această idee în modalități neoficiale. Rezultatul a fost o mulțime de astfel de oameni (unii sunt membri, alții nu) și toți pretind că sunt credincioși. Problema este că unii sunt zeloși și dedicați, alții par mai interesați să fie distrați, în timp ce alții nu se deranjează să contribuie la viața bisericii cu nimic. Dar, întrucât toți aparțin familiei, toți sunt, nominal vorbind, ucenici ai lui Isus, așa încât trebuie să venim cu alte explicații pentru a face diferențele între unii și alții: „da, el este cu adevărat un om ocupat", „ea are un talent la muzică", „prietenii lor nu mai sunt alături de noi". Și va trebui apoi să venim cu categorii suplimentare, precum „creștini dedicați", „creștini serioși" și „creștini jertfitori" pentru a face distincție între creștinii care fac ca mașinăria să funcționeze, și creștinii din masa cea mare de membri.

Cu siguranță că ar trebui să ne așteptăm la o varietate a maturității spirituale în biserică, și știm că până și credincioșii vor păcătui. Dar ce înseamnă cu adevărat să fii creștin în acest context? Și ce trebuie să facem cu afirmațiile deranjante pe care Isus le-a făcut, precum „oricine face voia Tatălui Meu care este în ceruri, acela Îmi este frate, soră și mamă" (Matei 12:50), sau „Cine nu-și ia crucea lui, și nu vine după Mine, nu este vrednic de Mine" (Matei 10:38)? Isus a vorbit despre ucenicia față de El descriind-o ca pe o despărțire radicală de modul trecut de viață. Dar atunci când începem să încețoșăm în mod deliberat linia de demarcație între ucenicia adevărată și lume, creăm confuzii în mintea creștinilor cu privire la ce înseamnă să fii un ucenic al lui Hristos.

2. Produce confuzii în mintea necreștinilor

În al doilea rând, apartenența înaintea credinței aduce confuzie asupra necreștinilor. La scurtă vreme după ce am ajuns la biserica mea, am primit un telefon anonim la birou, prin care persoana respectivă mă informa că unul dintre liderii noștri „trăia în păcat" în sensul vechi al acelei expresii. Când am investigat, am descoperit că era adevărat.

Într-un sens, nu aceea era cea mai mare problemă. Din nou, și creștinii pot cădea în păcat, și uneori chiar în păcate grave.

Din punct de vedere pastoral, problema reală s-a petrecut atunci când această persoană a fost confruntată. Răspunsul ei era uluitor: „Nu m-am abonat la asta! Dacă aș fi știut ce urmează să se întâmple, nu m-aș fi alăturat niciodată acestei biserici". (Ironic, poți avea o cultură a apartenenței înaintea credinței, și totuși să ai un sistem oficial de membralitate, așa cum aveam noi.)

În esență, pentru această persoană, a fi creștin nu avea de-a face cu ascultarea față de Isus. Iar Evanghelia nu vorbea despre pocăință și credință. Dimpotrivă, avea de-a face cu apartenența la familia noastră, cu a fi acceptat și a avea oportunitatea să își exprime și să-și folosească darurile și interesele. Darea de socoteală și asumarea responsabilității în fața bisericii nu intrasră în ecuație, și nici dedicarea față de Domnul. Acel lider a părăsit biserica chiar înainte ca noi să avem ocazia să vorbim despre aceste lucruri.

Atunci când necreștinilor nu li se spune niciodată că sunt necreștini, ci dimpotrivă, sunt învățați să se gândească la propriile persoane ca la niște „tovarăși călători", „căutători" sau „oameni în diferite stadii", dar aflați toți în aceeași călătorie, este ușor ca aceștia să devină confuzi cu privire la ce înseamnă cu adevărat să fii creștin și ce presupune să crezi în Evanghelie. Dorința de a aparține la o minunată familie de oameni poate, la rândul ei, să determine foarte ușor pe cineva să se aboneze la comunitatea lui Isus, dar acea persoană să nu fi fost niciodată abonată la porunca lui Isus de a se pocăi și de a crede.

3. Redefinește fundamental biserica locală

În al treilea rând, apartenența înaintea credinței redefinește fundamental biserica locală. Biserica locală este o comunitate și, la urma urmei, o comunitate este definită nu prin documentele, clădirile sau programele ei, ci prin oamenii ei – un popor a cărui viață participă în realitățile noii creații, realități ale dragostei și sfințeniei, creând astfel noi structuri ce par atractive.

Aceasta este ceea ce Isus a predicat: „Prin aceasta vor cunoaște toți că sunteți ucenicii Mei, dacă veți avea dragoste unii pentru alții" (Ioan 13:35).

Aceasta este ceea ce Pavel ne-a învățat. „Nu vă lăudați bine. Nu știți că puțin aluat dospește toată plămădeala? Măturați aluatul cel vechi, ca să fiți o plămădeală nouă, cum și sunteți, fără aluat; căci Hristos, Paștele noastre, a fost jertfit" (1 Corinteni 5:6-7). Și în altă parte: „Nu vă înjugați la un jug nepotrivit cu cei necredincioși. Căci ce legătură este între neprihănire și fărădelege? Sau cum poate sta împreună lumina cu întunerecul?" (2 Corinteni 6:14).

Aceasta este ceea ce Petru a predicat. „Să aveți o purtare bună în mijlocul Neamurilor, pentru ca în ceea ce vă vorbesc de rău ca pe niște făcători de rele, prin faptele voastre bune, pe care le văd, să slăvească pe Dumnezeu în ziua cercetării" (1 Petru 2:12).

Aceasta este ceea ce Ioan a învățat. „Dar cine păzește Cuvântul Lui, în el dragostea lui Dumnezeu a ajuns desăvârșită; prin aceasta știm că suntem în El. Cine zice că rămâne în El, trebuie să trăiască și el cum a trăit Isus" (1 Ioan 2:5-6).

Aceasta este, conform Noului Testament, puterea mărturiei bisericii pentru Hristos. Atunci când lumea privește la biserică, este evident că ea vede păcătoși. Dar asta nu este tot ceea ce ea vede. Ea vede niște păcătoși ale căror vieți sunt radical transformate de Vestea Bună a Evangheliei. Ea vede păcătoși a căror dragoste reciprocă nu poate fi explicată de nimic altceva decât de moartea și învierea lui Isus Hristos. Ea vede păcătoși care nu doar că se iubesc reciproc, ci care Îl iubesc pe Dumnezeu prin Isus Hristos, și ale căror vieți ilustrează acea dragoste în sfințenie și adevăr.

Pentru a ne întoarce unde am început, biserica poate fi o structură atractivă pentru credință doar dacă ea este alcătuită din oameni care au credința.

Toate acestea se schimbă când biserica devine comunitatea acelora care se află doar alături într-o călătorie. Pentru mulți, rezultatul călătoriei este neclar și incert. Pentru alții, călătoria a ajuns la un punct de oprire înainte de a ajunge la destinația finală. Pentru alte persoane, obiectivul mântuirii a fost găsit. Dar comunitatea, în ea însăși, nu mai este o mărturie a adevărului lui Isus Hristos și a Evangheliei Lui. Ea nu poate fi aceasta, dacă aparții înainte de a crede.

Dimpotrivă, comunitatea rămâne o simplă mărturie pentru sine, pentru căldura, deschiderea și spiritul inclusiv ale ei. Dar, în final, ce rămâne atât de unic și convingător în legătură cu asta? Există multe comunități deschise și calde, subculturi, dacă vrei să le denumești așa, în interiorul orașului Portland, unde eu locuiesc. Dar ele nu sunt o mărturie pentru Isus. Doar biserica locală poate face asta. Ba mai mult, biserica poate face acest lucru doar dacă tu crezi mai întâi pentru a aparține.

Pe scurt, filozofia apartenenței înaintea credinței redefinește fundamental biserica, lucru care, pe termen lung, subminează puterea mărturiei bisericii.

O IDEE MAI BUNĂ

Apartenența înaintea credinței este o idee greșită. O idee mai bună este ceea ce Isus a descris din Ioan 13: o comunitate care crede profund Evanghelia, așa încât viața ei este caracterizată de o dragoste reciprocă. O astfel de comunitate, spunea El, îi va provoca pe cei din afară nu doar să recunoască că se află în afara bisericii, ci și să dorească să facă parte din ea.

Imaginea care îmi vine în minte este aceea a unei brutării într-o zi cu vreme rece și ninsoare. Valuri de miros de pâine delicioasă și de ciocolată fierbinte își fac loc ocazional în afara brutăriei. Un copil își apropie nasul de fereastra ei. Acea fereastră este o barieră. Fără ea, căldura și mirosul delicios s-ar dispersa în curând în vântul rece, și nimeni n-ar mai ști că ceva bun se găsește acolo. Dar este o barieră transparentă, care permite acelui copil să vadă lucrurile bune din interior și care îl invită să intre. Apoi există o cale de a intra, o ușă îngustă pe care trebuie să pășească. Fără a face aceasta, el poate vedea și poate pofti ce se găsește în interior, dar nu se poate bucura de acele beneficii. Odată ce pășește dincolo de pragul ușii, poate să se înfrupte din ce se găsește în interior.

Atunci când necreștinii au de-a face cu biserica ta, ar trebui să semene cu acei oameni care stau la acea fereastră, fără a se holba nedumeriți ca în fața unui zid de cărămidă. Ei ar trebui să simtă căldura dragostei voastre, pe când îi invitați și îi tratați ca pe niște oameni creați după chipul lui Dumnezeu. Ei ar trebui să vadă profunzimea relațiilor dintre voi, pe măsură ce îi văd pe oamenii din biserică ajutându-se reciproc și trecând dincolo de orice barieră pentru a sluji celorlalți, deși, în aparență, n-ar avea vreun motiv special să facă asta. Ei ar trebui să guste din bogăția Evangheliei, pe când Cuvântul lui Dumnezeu este predicat într-o modalitate care face sens pentru viețile lor. Ei ar trebui să audă sunetele acelei comunități bucuroase, care îi invită, atunci când aud laudele și rugăciunile unui popor care se închină Domnului lor răstignit și înviat.

Așadar, părăsește calea pe care te afli, pentru a putea crea o comunitate care îi invită pe cei din afară. Gândește-te la limbajul pe care îl folosești. Fii inten! ional în ospitalitatea ta. Fii strategic în transparența ta. Asemenea unei brutării care pompează mirosul delicios al pâinii ei în afară, celebrează public poveștile harului și transformarea care se petrece în mijlocul vostru. Iar apoi, când ai făcut toate acestea, propovăduiește Evanghelia cu claritate și invită-i pe oameni să răspundă la ea cu pocăință și credință. Cheamă-i nu să facă pasul în față, ci să intre pe ușa cea strâmtă, pentru a se putea alătura bisericii, hrănindu-se din bogățiile credinței în Evanghelie.

Dacă biserica este chemată să ilustreze lucrurile bune ale Evangheliei, atunci bariera credinței nu trebuie îndepărtată, pentru că tocmai acea credință împărtășită de membrii bisericii este ceea ce lucrează cu cea mai mare putere prin invitarea oamenilor să se alăture bisericii.

DESPRE AUTOR:

Michael Lawrence este păstor senior la Hinson Baptist Church în Portland, Oregon. Îl puteți găsi pe twitter la @pdxtml.

PUTEREA PASTORALĂ SUBES-TIMATĂ A UNEI DOCTRINE ADECVATE A CONVERTIRII

Jonathan D. Leeman

O doctrină adecvată a convertirii îți va da putere pastorală.

O ILUSTRAȚIE PERSONALĂ

Dă-mi voie să încep cu o ilustrație. Mi-am mărturisit cândva o dorință greșită față de un prieten, și i-am explicat că, frustrant, teologia mea era greșită, dar parțial eram ispitit să o justific pentru că „o simțeam țesută în însăși persoana mea", ca și cum ar fi fost „parte din esența sufletului meu". Acestea erau cuvintele pe care le-am folosit pentru a explica cât de mult *mă* caracteriza acea dorință.

Cu atenție și simplitate, prietenul meu a citat Efeseni 4: „cu privire la felul vostru de viață din trecut, să vă dezbrăcați de *omul cel vechi* care se strică după poftele înșelătoare" (v. 4:22). Apoi a subliniat expresia „omul cel vechi". Da, este adevărat că astfel de dorințe pot să fie parte din însăși persoana mea. Vechiul tău eu este corupt. Ce te așteptai, Jonathan? Acele dorințe, într-un sens, reprezintă persoana *ta*.

A, dar exista o veste bună chiar după colț. Prietenul meu și-a încheiat pasajul: „și să vă *înnoiți* în duhul minții voastre, și să vă îmbrăcați în *omul cel nou*, făcut după chipul lui Dumnezeu, de o neprihănire și sfințenie" (v. 23-24). Așteaptă o secundă, este adevărat că am o nouă persoană? Sigur, există un eu vechi, dar există și un eu nou. Iar acest nou eu este creat… ține-te bine, reține asta… în asemănare cu Dumnezeu.

Pe scurt, prietenul meu mi-a reamintit de convertirea mea, folosind câteva cuvinte alese din Scriptură. Și dacă atitudinea mea fusese melancolică în acea zi, alimentată de frustrarea că doream ceva ce nu puteam căpăta, reamintirea acestor cuvinte mi-a restaurat bucuria. Mi-a dat nădejde.

DOUĂ LOCURI POTRIVITE PENTRU PUTEREA PASTO-RALĂ

Poți vedea că există putere pastorală într-o înțelegere corectă a convertirii, în realitățile și promisiunile unei vieți în făptura cea nouă?

1. Doctrina biblică a convertirii îți oferă abilitatea de a-i încuraja și învia pe frații și surorile tale în Hristos, care sunt zdrobiți de păcat. Poate că la mijloc este vorba despre o dependență. Poate este un sentiment de ură față de un alt frate sau o altă soră din biserică. Poate că este un simț nedescoperit al disperării. În multe dintre astfel de situații, păcatul – mincinos, cum este – pretinde să fie inevitabil. Își pune masca de „real" sau „autentic", ori „așa mă simt eu", „este natural" sau chiar „e drept". Dar o doctrină corectă a convertirii demască minciuna din toate aceste pretenții. „Da, sentimentele tale pot fi naturale, dar nu ești legat de ele, pentru că creștinismul este supranatural. Ești liber."

Oamenii se simt conduși de păcatele lor. Doctrina creștină a convertirii îi ajută pe creștini să știe că ei nu trebuie să fie conduși de păcat. Chiar și atunci când lupta este de lungă durată și când fiecare doi pași înainte par să fie urmați de un pas înapoi (sau chiar mai mulți!), puterea schimbării vine din recunoașterea a ceea ce Hristos *a făcut* prin a crea în noi o persoană *nouă*.

2. Doctrina corectă a convertirii îți dă abilitatea de a-i asigura pe creștini de felul nou și diferit de viață la care sunt chemați. Creștinismul ne dăruiește viața Fiului, în a Cărui asemănare suntem noi transformați. Este o viață de sfințenie, dragoste și unitate în poporul lui Dumnezeu. Este o viață de suferință, dar este o viață în cadrul căreia cunoaștem nădejdea și puterea învierii în ciuda acestor suferințe.

Mai apoi, aici se găsește un lucru uimitor. Astfel de asigurări țin nu doar de așa-zisele imperative ale Noului Testament: „mergeți și fiți sfinți și uniți unul cu celălalt". Ele țin și de indicativele lui: „așa sunteți voi". Există un nou eu, iar acel nou eu este parte din sfinți și sfânt după cum este Fiul.

PEISAJUL CULTURAL

Există însă un peisaj cultural care merită să fie identificat în toată această discuție. Cultura noastră romanticizată favorizează realul, naturalul, lucrurile autentice. Descoperirea de sine și exprimarea de sine reprezintă, în cultura noastră, cele mai deosebite acte morale. Iar aceste atitudini și-au făcut loc în biserici și au remodelat ideile noastre despre convertire, despre calitatea de membru în biserică și despre identitatea noastră nouă în Hristos. Astfel, păstorii vor spune că noi toți suntem doar niște căutători. Noi toți suntem într-o călătorie. Asta înseamnă că faci un pas, apoi un altul, după care un altul.

Dar ceea ce lipsește din logica acestor metafore pastorale populare este ideea unei rupturi decisive față de trecut – o eliberare din domeniul întunericului; o moarte și o înviere. O călătorie de descoperiri este un lucru complet diferit de o înmormântare și înviere, de un eu vechi și un eu nou.

Trebuie să recunoaștem faptul că și călătoriile ne schimbă. Noi evoluăm prin acestea. Este adevărat că, uneori, creșterea spirituală poate fi percepută mai degrabă asemenea unei hărți cu o progresie evolutivă decât unei treceri de la omidă de la fluture. Nu vreau să spun că un astfel de limbaj nu ar conține elemente spirituale. Dar trebuie să nu uităm ceea ce Noul Testament ne învață despre puterea transformării radicale ce se petrece acum. Acum, adică în noua creație de astăzi. Aceasta este convertirea.

FAȚĂ ÎN FAȚĂ CU ALCOOLICUL

Așadar, iată-te stând față în față cu alcoolicul, cu victima infidelității în căsnicie, cu diaconul combativ care dă naștere unei dezbinări a bisericii, cu acel cuplu tânăr care nu poate suporta să cânte imnuri. Care este slujba ta? Este aceea de a le aminti că ei sunt *creștini*.

Poate că îi vei ajuta aducându-le aminte de botezul lor, așa cum face Pavel în Romani 6. Ei au fost îngropați și înviați – ce transformare! Își doresc ei cu adevărat să continue în viețile lor păcătuind sau să caute eliberarea, puterea de a ierta? Sau cumva vor insista să rămână pe calea lor, așa cum face lumea? Cum ar putea face asta? Ei au murit față de păcat și au fost înviați la viața cea nouă în Hristos.

Într-un fel sau altul, slujba ta pastorală este să găsești cuvintele și să pui întrebările care să-l facă pe sfântul încă păcătos capabil să înțeleagă ce înseamnă să fie… reține… un creștin *născut din nou*.

Esența este aceasta: predică, învață, cântă, laudă-L pe Dumnezeu în rugăciune și sfătuiește-i pe credincioși folosind o doctrină corectă a convertirii. Există o putere acolo ce e adesea subestimată. Cu cât înțeleg oamenii din biserica ta mai bine acest lucru, cu atât vei avea o putere pastorală mai mare pentru a te îngriji de ei. Și nu doar aceasta, ci ei înșiși vor căpăta această putere pentru convingerea și echiparea lor reciprocă.

DESPRE AUTOR:

Jonathan Leeman este directorul editorial al 9Marks și prezbiter la Capitol Hill Baptist Church în Washington D.C. Îl puteți găsi pe twitter la @JonathanDLeeman.

CONVERTIREA, DUMNEZEU ȘI ÎNTREGUL EU

Stephen J. Wellum

De la Geneza și până la Apocalipsa, Scriptura este clară asupra faptului că transformarea denumită convertire este absolut necesară pentru ca oamenii să experimenteze mântuirea și să Îl cunoască pe Dumnezeu. Dacă nu ne întoarcem de la păcatele noastre spre Dumnezeu, dacă nu cunoaștem, prin propria experiență, ceea ce Biblia descrie drept circumcizia spirituală, supranaturală a inimii (Deuteronom 30:6; Romani 2:25-29), nu-L vom cunoaște pe Dumnezeu în sens mântuitor și vom rămâne sub judecata și mânia Lui (Efeseni 2:1-3).

Așa cum a demonstrat Tom Schreiner în cele două articole ale lui din această revistă, necesitatea convertirii este prezentă peste tot de-a lungul Scripturii. Ea poate să nu fie *tema* centrală a Scripturii, dar este în mod sigur un element fundamental pentru întreaga narațiune a răscumpărării, în special dacă ne uităm la termenii în care răscumpărarea este aplicată poporului lui Dumnezeu. Fără convertire, nu putem să-L cunoaștem pe Dumnezeu într-un fel mântuitor.

Nu putem experimenta iertarea păcatelor. Nu putem intra în Împărăția lui Dumnezeu și în domnia Lui mântuitoare.

Dar poate că încă mai putem pune întrebarea aceasta: De ce este convertirea necesară?

ÎNȚELEGEREA POPULARĂ ȘI ÎNȚELEGEREA BIBLICĂ A CONVERTIRII

Înainte de a oferi un răspuns acelei întrebări, merită să clarificăm faptul că noi nu vorbim despre „convertire" în sensul popular al cuvântului, ci în sensul lui biblic. Care este diferența?

Dacă vei căuta pe Google expresia „convertire spirituală", principalele rezultate vor descrie ceva de genul acesta: convertirea constă din „adoptarea unei noi religii" sau „internalizarea unui nou sistem de credințe". Aceste definiții consideră „convertirea" drept o schimbare în gândirea cuiva sau în perspectiva lui, în mare parte persoana rămânând fundamental aceeași. Dar nu aceasta este convertirea creștină.

Dimpotrivă, convertirea creștină depinde de lucrarea supranaturală și suverană a Dumnezeului Trinitar în viețile oamenilor. Prin convertire, Dumnezeu aduce oamenii de la moarte spirituală la viață. Acest lucru îi face capabili să fie dezgustați de lucrurile pe care cândva le iubeau – păcatul lor și răzvrătirea împotriva lui Dumnezeu – și să se întoarcă către Hristos, punându-și credința în El.

TREI ADEVĂRURI CARE SUBLINIAZĂ NECESITATEA CONVERTIRII

De ce este absolut necesară *această* înțelegere a convertirii? Există trei adevăruri fundamentale care subliniază învățătura Bibliei privind convertirea, și care ne ajută să vedem de ce convertirea este atât de importantă în Scriptură, în teologie și în propovăduirea Evangheliei.

De asemenea, aș vrea să subliniez că aceste trei adevăruri sunt complet interconectate. Nimeni nu poate înțelege corect ceea ce Biblia ne învaţă despre convertire separat de înţelegerea corectă a celorlalte adevăruri, lucru care ne aminteşte că credinţele noastre teologice sunt dependente unele de altele. Dacă ajungi să fii greşit într-un domeniu al teologiei, vei fi puternic afectat în celelalte domenii, şi acest lucru se aplică în mod cert înţelegerii noastre privitoare la convertire.

1. Problema omului

Primul adevăr fundamental care întemeiază şi oferă sens învăţăturii biblice privitoare la convertire este perspectiva biblică legată de problema omului. Chiar dacă fiinţele omeneşti sunt create ca purtătoare ale chipului lui Dumnezeu şi astfel posedă o valoare şi semnificaţie incredibilă, noi ne-am răzvrătit, în Adam, împotriva Creatorului nostru, şi astfel am devenit păcătoşi ce fac obiectul mâniei lui Dumnezeu (Geneza 3; Romani 5:12-21).

Atunci când Biblia vorbeşte despre păcat şi despre oameni ca fiind păcătoşi, ea nu consideră că aceasta ar fi o problemă minoră. Nu este ceva ce poate fi remediat prin auto-corecţie, prin mai multă educaţie sau chiar printr-o hotărâre personală de a deveni o fiinţă mai bună. Astfel de soluţii, care sunt constant prezente în jurul nostru, subestimează colosal natura problemei omului, pe care Scriptura o descrie cu atâta putere şi claritate.

Văzut din perspectivă biblică, păcatul nu este doar o problemă universală de care nicio persoană nu scapă datorită solidarităţii noastre în Adam, în calitate de reprezentant al legământului pentru noi (Romani 3:9-12, 23; 5:12-21; 1 Corinteni 15:22). Ea ne descrie în acelaşi timp pe noi ca păcătoşi prin natura noastră şi prin acţiunile noastre (Efeseni 2:1-3). În Adam şi prin alegerile noastre, noi am devenit nişte rebeli morali împotriva lui Dumnezeu, născuţi în această lume ca nişte creaturi decăzute. Aceasta este o stare pe care nu o putem schimba prin iniţiativa şi acţiunea proprie. Şi, tristă realitate, este o stare pe care nici măcar nu am vrea să o schimbăm, dacă n-ar interveni harul suveran al lui Dumnezeu. În starea noastră de oameni decăzuţi, noi nu doar că găsim încântare în păcatele noastre şi ne împotrivim intenţionat stăpânirii drepte a lui Dumnezeu peste noi, ci tocmai această împotrivire voită este dovada faptului că suntem incapabili să ne mântuim şi să ne schimbăm prin propriile puteri (Romani 8:7). Drept rezultat, noi ne aflăm sub judecata şi mânia lui Dumnezeu (Efeseni 2:1-3; Romani 8:1), fie că recunoaştem acest lucru, fie că nu. În păcatele noastre, starea noastră înaintea Judecătorului universului este una de oameni condamnaţi şi vinovaţi (Ezechiel 18:20; Romani 5:12, 15-19; 8:1). Scriptura descrie această stare ca fiind moarte, atât spirituală cât şi, în final, fizică (Geneza 2:16-17; Efeseni 2:1; Romani 6:23).

Mântuirea, remediul biblic pentru această problemă, întoarce tocmai pe dos această situaţie groaznică. Iar punctul decisiv al acestei întoarceri este convertirea.

Ceea ce avem nevoie în primul rând este un Mântuitor care să poată plăti pentru păcatele noastre înaintea lui Dumnezeu şi să satisfacă cerinţele drepte ale lui Dumnezeu şi judecata Lui împotriva noastră. Domnul nostru Isus Hristos, Dumnezeu Fiul cel întrupat, face exact acest lucru în lucrarea Lui pe cruce pentru noi. El satisface cerinţele lui Dumnezeu, aşa încât păcatele noastre sunt plătite pe deplin (Romani 3:21-26; Galateni 3:13-14; Coloseni 2:13-15; Evrei 2:5-18).

În plus, noi nu avem nevoie doar ca păcatele să fie plătite, ci avem nevoie să fim aduşi de la moarte spirituală la viaţă, ceea ce conduce la o transformare a întregii noastre naturi (Romani 6:1-23; Efeseni 1:18-23; 2:4-10). Avem nevoie de Dumnezeul trinitar pentru a ne chema de la moarte la viaţă şi, prin intermediul Duhului lui Dumnezeu, să ne dea naşterea din nou (Efeseni 1:3-14; Ioan 3:1-8). Avem nevoie de o înviere din morţi asemănătoare învierii Capului legământului nostru, pentru ca astfel să fim făcuţi capabili să ne întoarcem în mod voit de la păcatele noastre, să lăsăm deoparte împotrivirea noastră faţă de Dumnezeu şi faţă de stăpânirea Lui, şi să răspundem faţă de Evanghelie cu pocăinţă şi credinţă (Ioan 3:5; 6:44; 1 Corinteni 2:14).

Concluzionând, convertirea este necesară pentru că ea este parte a soluţiei pentru natura serioasă a problemei omului, aşa cum o descrie Scriptura.

2. Doctrina despre Dumnezeu

Cel de-al doilea adevăr fundamental care constituie temelia şi care dă sens învăţăturii biblice privitoare la necesitatea convertirii constă din învăţătura Scripturii despre natura şi caracterul lui Dumnezeu.

Aşa cum am observat mai sus, aceste două adevăruri se explică reciproc. Problema omului există datorită a ceea ce este Dumnezeu, Dumnezeul Bibliei. Problema noastră poate fi văzută în adevăratele ei culori doar în lumina caracterului personal, neprihănit şi sfânt al lui Dumnezeu.

Convertirea este necesară întrucât noi, fiind creaturi păcătoase şi răzvrătite, nu putem sta în prezenţa sfântă a lui Dumnezeu. Păcatul nu doar că contravine caracterului lui Dumnezeu, care reprezintă legea morală a universului, ci el ne-a şi separat de prezenţa Dumnezeului legământului nostru (Geneza 3:21-24; Efeseni 2:11-18; Evrei 9). Noi, care am fost creaţi pentru a-L cunoaşte pe Dumnezeu şi pentru a trăi înaintea Lui ca vice-regenţi ai Săi, stăpânind ca nişte mici regi şi regine peste creaţie spre gloria lui Dumnezeu, ne aflăm acum sub mânia şi condamnarea Lui.

De aceea, fără ca acest caracter sfânt al lui Dumnezeu să fie satisfăcut prin jertfirea de către Dumnezeu a propriei Persoane, în Fiul Său, noi nu-L putem cunoaşte în sens mântuitor pe Dumnezeu (Romani 6; Efeseni 4:20-24; Coloseni 3:1-14). Mai mult, nu este suficient să aibă loc o tranzacţie legală, oricât de important este acest verdict pentru justificarea noastră înaintea lui Dumnezeu. Mântuirea implică în acelaşi timp îndepărtarea interioară a păcatului şi transformarea întregii noastre naturi decăzute. Acest lucru începe atunci când suntem uniţi cu Hristos prin lucrarea de regenerare făcută de Duhul Sfânt, care ne face capabili să ne întoarcem în mod voit de la păcat şi să ne odihnim în lucrarea încheiată a lui Hristos, Domnul nostru.

Cu alte cuvinte, convertirea este absolut necesară pentru că Dumnezeu cere ca fiinţele create de El să fie sfinte după cum El este sfânt. De aceea, pentru a putea sta înaintea Lui, noi trebuie să ne îmbrăcăm cu neprihănirea lui Hristos, fiind transformaţi de puterea Duhului Sfânt şi făcuţi făpturi noi în Hristos Isus (2 Corinteni 5:17-21). Nu există nicio altă cale prin care oamenii să poată fi aduşi înapoi la scopul creaţiei lor şi să se bucure de toate beneficiile noii creaţii, dacă păcatele lor nu sunt plătite pe deplin, dacă nu sunt născuţi din nou prin Duhul şi dacă nu sunt uniţi cu Hristos prin credinţă.

Dacă ratăm să înţelegem ceva din sfinţenia orbitoare a lui Dumnezeu, din neprihănirea Lui perfectă şi din cerinţa Lui ca fiinţele create de El să acţioneze ca fii ascultători şi purtători ai chipului Său, nu vom înţelege niciodată de ce convertirea este atât de importantă în Scriptură. În plus, dacă nu înţelegem că această transformare, convertirea noastră, are loc doar datorită iniţiativei suverane a Dumnezeului triunic al harului, atunci nu vom înţelege şi nu vom aprecia niciodată profunzimea şi bogăţia dragostei lui Dumnezeu pentru noi, poporul Său.

3. Convertirea implică pocăinţa şi credinţa – întoarcerea întregii noastre fiinţe către Dumnezeu

Cel de-al treilea adevăr fundamental care ne ajută să înţelegem învăţătura Bibliei privitoare la convertire subliniază faptul că aceasta afectează întreaga persoană, şi persoana ca întreg. Aşadar, în Scriptură, convertirea implică atât întoarcerea *de la* păcat (pocăinţa), cât şi întoarcerea *către* Hristos (credinţa). Ambele sunt necesare pentru convertire. Astfel, pocăinţa şi credinţa sunt în mod corect considerate ca fiind două faţete ale aceleiaşi monezi.

Cu alte cuvinte, convertirea biblică nu este niciodată o simplă schimbare a perspectivei intelectuale care nu conduce la nicio schimbare în viaţa acelei persoane. Din nefericire, în multe dintre bisericile noastre, descoperim oameni care pretind că au fost convertiţi, dar ei nu fac altceva decât manifestă o aprobare intelectuală faţă de Evanghelie, fără a demonstra schimbarea reală din vieţile lor.

Scriptura consideră cu claritate acest fel de aprobare pur mentală ca fiind o convertire falsă (Matei 7:21-23). Dumnezeu cere un răspuns al întregii persoane faţă de El în calitate de fiinţe responsabile înaintea Lui: păcatul nostru este o răzvrătire a întregii fiinţe împotriva lui Dumnezeu, iar mântuirea creştină este o transformare a întregii persoane, literalmente o creaţie nouă. Convertirea implică atât întoarcerea *de la* păcat, cât şi întoarcerea *către* Hristos, ceea ce cuprinde întreaga persoană – intelectul, voinţa şi emoţiile (Faptele Apostolilor 2:37-38; 2 Corinteni 7:10; Evrei 6:1).

NU ESTE SUFICIENT SĂ-ȚI RIDICI PĂLĂRIA FAȚĂ DE ISUS

Convertirea nu este opțională, ci absolut necesară. Nu putem înțelege mântuirea și Evanghelia fără să avem o perspectivă robustă a convertirii.

Creștinismul nominal, care este atât de răspândit în bisericile noastre, nu este creștinismul biblic. Nu este suficient să-ți ridici pălăria în fața lui Isus, trebuie să experimentezi lucrarea suverană și plină de har a lui Dumnezeu în viața ta, care îți dă viața cea nouă și te face capabil, prin lucrarea Duhului lui Dumnezeu, să te pocăiești și să crezi Evanghelia.

Înțelegerea greșită a convertirii se datorează adesea teologiilor noastre greșite. Remediul față de aceasta este să ne întoarcem la Scriptură, pe genunchi, cerând marelui nostru Dumnezeu să revigoreze din nou biserica Lui așa încât, în propovădui-rea Evangheliei, bărbați, femei, băieți și fete să ajungă să se pocăiască de păcatele lor și să creadă în Hristos Isus, Domnul nostru.

DESPRE AUTOR:

Stephen J. Wellum este profesor de teologie creștină la The Southern Baptist Theological Seminary din Louisville, Kentucky, și editor al Southern Baptist Journal of Theology.

CUM AȘ PUTEA ȘTI DACĂ AM FOST CONVERTIT CU ADEVĂRAT?

Prima epistolă a lui Ioan oferă mai multe „teste" care să îi ajute pe creștini în a cunoaște dacă au ajuns la credința mântuitoare în Hristos:

1. **Testul credinței:** „Oricine crede că Isus este Hristosul, este născut din Dumnezeu" (1Ioan 5:1a). Așadar, întreabă-te: Îmi pun eu credința în Isus Hristos în privința mântuirii mele?

2. **Testul ascultării:** „Dacă zicem că avem părtășie cu El, și umblăm în întuneric, mințim, și nu trăim adevărul. Dar dacă umblăm în lumină, după cum El însuși este în lumină, avem părtășie unii cu alții; și sângele lui Isus Hristos, Fiul Lui, ne curățește de orice păcat" (1Ioan 1:6-7). Deci, întreabă-te: Demonstrează viața mea o consec-vență în trăirea obișnuită în păcat, în lipsa de pocăință? Sau demonstrează ea o trăire consecventă în străduința de a umbla în lumină și de a mă pocăi de păcatele mele?

3. **Testul dragostei:** „Cine nu iubește pe fratele său, rămâne în moarte. Oricine urăște pe fratele său, este un ucigaș; și știți că niciun ucigaș n-are viața veșnică rămânând în el" (1Ioan 3:14b-15). Întreabă-te, deci: Îi iubesc eu pe ceilalți creștini în modalități concrete, care demonstrează realitatea credinței mele?

4. **Testul perseverenței:** „Ei au ieșit din mijlocul nostru, dar nu erau dintre ai noștri. Căci dacă ar fi fost dintre ai noștri, ar fi rămas cu noi; ci au ieșit, ca să se arate că nu toți sunt dintre ai noștri" (1Ioan 2:19). Cei care nu continuă (sau perseverează) în credință dovedesc faptul că încă de la bun început credința lor a fost falsă. De aceea, întreabă-te: Continui eu în credință, în ciuda luptelor cu păcatul și a împotrivirii firii pământești?

Și un ultim principiu: întrucât până și creștinii sunt expuși amăgirii de sine, atunci când îți dai răspuns acestor întrebări, este bine să ceri părerea unora dintre **membrii bisericii tale,** credincioși maturi, care te cunosc cel mai bine și care te iubesc (v. Prov. 11:14; 15:22). Evident, acest lucru este greu de făcut dacă nu ai dezvoltat relații cu ceilalți credincioși, astfel încât ei să poată să îți vadă viața.

Parte din acest material a fost adaptat din cartea lui Thabiti Anyabwile intitulată „*What is a Healthy Church Member*", p. 50-54.

Despre 9Marks

MISIUNEA

9Marks există pentru echiparea liderilor bisericilor cu o viziune biblică şi cu resurse practice pentru a reflecta gloria lui Dumnezeu înaintea popoarelor, prin biserici sănătoase.

ISTORIA ORGANIZAŢIEI

Organizaţia 9Marks îşi are rădăcinile în lucrarea pastorală a lui Mark Dever şi Matt Schmucker la Capitol Hill Baptist Church (Washington, D.C.).

După zeci de ani de decădere, această congregaţie a cunoscut o perioadă de reformă la începutul anilor '90, sub lucrarea lui Mark şi Matt. Ei n-au fost călăuziţi de înţelepciunea convenţională a specialiştilor în creşterea bisericii, n-au făcut sondaje de opinie, n-au creat noi programe, şi nici nu s-au concentrat pe formarea unei anumite culturi. Tot ce au făcut a fost să deschidă Biblia înaintea congregaţiei. Mark a predicat şi amândoi au lucrat pentru a da bisericii un fundament conform Scripturii.

CARTEA

La îndemnul lui Matt, Mark a scris şi a publicat în mod independent broşura 9 semne ale unei biserici sănătoase care, la câţiva ani mai târziu, a devenit cartea cu acelaşi titlu, publicată în limba engleză de Crossway, în anul 2000. Organizaţia a fost înfiinţată către finele anilor '90, cu scopul ca tot mai mulţi păstori să ia parte la discuţii sănătoase despre creştinism, iniţiate de Mark şi Matt. De atunci încoace, ea a crescut gradual tot mai mult.

VIZIUNEA

9Marks crede că biserica locală este punctul focal al planului lui Dumnezeu de a reflecta gloria Sa printre popoare. De asemenea, noi credem în suficienţa Bibliei pentru viaţa bisericii. De aceea, ca organizaţie, lucrarea noastră se concentrează pe Scriptură, biserică şi păstori. Noi preţuim multitudinea vocilor şi a stilurilor celor care sunt partenerii noştri, şi cu care împărtăşim aceeaşi viziune. Nădăjduim că vom continua să creştem în cunoaşterea Cuvântului lui Dumnezeu şi în aplicarea lui în adunarea locală.

Intenţia noastră este să împărtăşim aceste lucruri cu ceilalţi utilizând noile instrumente şi platforme media, în plus faţă de cele existente.

CELE 9 SEMNE

Cele 9 Semne sunt: (1) predicarea expozitivă, (2) teologia biblică, (3) o înţelegere biblică a Evangheliei, (4) o înţelegere biblică a convertirii, (5) o înţelegere biblică a evanghelizării, (6) membralitatea bisericească biblică, (7) disciplina biblică a bisericii, (8) ucenicia şi creşterea biblică a bisericii, şi (9) conducerea biblică a bisericii. Acestea nu sunt singurele lucruri necesare pentru zidirea unor biserici sănătoase, ci ele sunt nouă practici pe care multe biserici din zilele noastre le-au uitat şi, de aceea, este nevoie să fie readuse în atenţie.

CUM SE FINANŢEAZĂ 9MARKS?

9Marks se bazează pe donaţii din partea bisericilor şi persoanelor individuale, care înţeleg natura strategică a lucrării de echipare a păstorilor şi liderilor cu o viziune biblică asupra bisericii locale. Suntem profund recunoscători pentru generozitatea tuturor celor care contribuie la această lucrare.

9MARKS ÎN LIMBA ROMÂNĂ

Începând cu anul 2016, 9Marks a lansat lucrarea sa în limba română, având ca scop echiparea păstorilor şi a liderilor din comunităţile de credinţă vorbitoare de limba română din România, Moldova şi diaspora. De-a lungul următorilor ani, 9Marks doreşte să publice o varietate de resurse noi în limba română - cărţi, articole, reviste, resurse audio şi video-, să organizeze conferinţe şi să încurajeze relaţii sănătoase între păstorii români, spre zidirea bisericilor sănătoase, care Îl glorifică pe Dumnezeu.

www.9marks.org | revistarom@9marks.org

Pentru mai multe informaţii despre Revista 9Semne,
ne puteţi contacta la adresa de email revistarom@9marks.org.
Suntem aici pentru a vă sluji.

Dacă nu este altfel specificat în text,
citatele biblice sunt preluate din traducerea Cornilescu, revizuită.

9Semne

Zidind Biserici Sănătoase

ZIDIND BISERICI SĂNĂTOASE

9Marks există pentru echiparea liderilor bisericilor cu o viziune biblică și resurse practice în vederea glorificării lui Dumnezeu între națiuni, prin intermediul bisericilor sănătoase.

În acest scop, dorim să vedem bisericile caracterizate de următoarele nouă semne ale sănătății:

1. Predicarea expozitivă
2. Teologia biblică
3. Înțelegerea biblică a Evangheliei
4. Înțelegerea biblică a convertirii
5. Înțelegerea și practicarea biblică a evanghelizării
6. Membralitatea biblică în biserică
7. Disciplina biblică a bisericii
8. Ucenicizarea biblică
9. Conducerea biblică a bisericii.

La 9Marks noi scriem articole, cărți, recenzii de carte și un jurnal online. Găzduim conferințe, înregistrăm interviuri și producem diferite alte resurse pentru a ajuta bisericile să reflecte gloria lui Dumnezeu.

Vizitați siteul nostru pentru a descoperi conținut în mai mult de **30 de limbi** și înregistrați-vă pentru a primi gratuit jurnalul nostru online. Vedeți lista completă a siteurilor noastre în alte limbi aici:
9marks.org/about/international-efforts/

9marks.org

www.ingramcontent.com/pod-product-compliance
Lightning Source LLC
Chambersburg PA
CBHW080524030726
47592CB00012B/3470